入选新闻出版总署"向全国青少年推荐的百种优秀图书"

JINGJIXUE DAJIA

编委会主任

陈海燕　张　跃

编委会副主任

吴小平　刘健屏　张　涛

编　委

周兴安　祁　智　府建明　杨　丽

统　筹

戴宁宁　葛　嘉

《大家》栏目工作人员

许　可　孟兰云　赵琳琳　汤杰湘　高洪芬

周文福　张　莉　王成辉　朱　童　于　磊

李庆瑜　丁　建　朱　江　王　超

中央电视台科教节目制作中心　凤凰出版传媒集团　联合打造
"大家丛书"

刘国光传

经济学大家

邓加荣　著

江苏人民出版社

图书在版编目(CIP)数据

经济学大家:刘国光传/邓加荣著. --南京:江
苏人民出版社,2014.11
(大家丛书)
ISBN 978-7-214-14374-7

Ⅰ.①经… Ⅱ.①邓… Ⅲ.①刘国光—传记 Ⅳ.
①K825.31

中国版本图书馆 CIP 数据核字(2014)第 259995 号

书　　　名	经济学大家　刘国光传	
著　　　者	邓加荣	
责 任 编 辑	卞清波	
装 帧 设 计	许文菲	
出 版 发 行	凤凰出版传媒股份有限公司	
	江苏人民出版社	
出版社地址	南京市湖南路 1 号 A 楼,邮编:210009	
出版社网址	http://www.jspph.com	
	http://jspph.taobao.com	
经　　　销	凤凰出版传媒股份有限公司	
照　　　排	江苏凤凰制版有限公司	
印　　　刷	江苏凤凰通达印刷有限公司	
开　　　本	880 毫米×1 230 毫米　1/32	
印　　　张	5.5　插页 2	
字　　　数	120 千字	
版　　　次	2015 年 1 月第 1 版　2015 年 1 月第 1 次印刷	
标 准 书 号	ISBN 978-7-214-14374-7	
定　　　价	16.00 元	

(江苏人民出版社图书凡印装错误可向承印厂调换)

目　录

引　言　一场震惊论坛的"刘旋风" ·················· 1

第一章　多灾多难的南京城 ·················· 11

1. 炮火与洪水 ·················· 11

2. 江宁中学里的三兄弟 ·················· 15

3. 父亲最后离开血泊的下关 ·················· 18

第二章　流亡在嘉陵江上 ·················· 22

1. 来到了雾重庆 ·················· 22

2. 二中岁月："燃烧起热血,挺起胸膛" ·················· 26

3. 不是学校遴选了他,是他遴选了学校 ·················· 32

第三章　在西南联大 ·················· 35

1. 最简陋的大学校园 ·················· 35

2. 躲空袭,泡茶馆 ·················· 40

3. 抗战胜利之后 ·················· 42

第四章　一进经济研究所 ·················· 46

1. 徐教授指点方向 ·················· 46

2. 开始走进经济研究机构 ·················· 51

3. 在莫斯科的岁月里 ·················· 55

目 录

第五章　二进经济研究所 ……………… 60

1. 协助苏联专家核定资金定额 ……………… 60

2. 新所长上任以来 ……………………… 64

3. 第一次"井喷" ……………………… 70

第六章　经济学家的罪与罚 ……………… 81

1. 围绕在《教科书》第三版上 ……………… 81

2. 两位经济研究所长的对话 ……………… 84

3. 价值理论上的初射之光 ……………… 88

第七章　三进经济研究所 ……………… 93

1. 对各国经济体制改革的考察 ……………… 93

2. 他又返回原来阵地 ……………………… 98

3. 第二次"井喷" ……………………… 101

第八章　两个南京人 ……………………… 109

1. 一篇解放思想的标兵文章 ……………… 109

2. 来之不易的买方市场 ……………… 113

3. 两个模式的转换 ……………………… 117

目录

第九章　社会主义市场经济的确立　·············　128

1. 对于商品市场问题纷争不已　·················　128

2. 烈火再一次锤炼和考验一代经济学人　········　132

3. 邓小平明确提出市场经济不等于资本主义　···　138

第十章　软着陆，点刹车　·················　143

1. 一道世界性的经济学难题　·················　143

2. 他设计的软着陆点在哪儿　·················　147

3. 受到朱镕基总理的赞扬　···················　150

第十一章　经济学家的忧思　·················　154

1. 是不是市场经济讲得多了，社会主义讲得相对

　少了　·································　154

2. 分好蛋糕比做大蛋糕更难　·················　160

3. 亟力反对新自由主义　·····················　163

附录　刘国光简历　·····················　171

▢ 一场震惊论坛的"刘旋风"

人类社会与大自然虽是各有自己的方围四至,各按自己的轨道和规律运行,但亦互通互动,互感互应,因而有时也会有相同的或者是相似的呼吸与吐纳的声音,比如旋风。

自然界里的旋风是惊人的、震撼的、飙狂的、翻卷的、飞旋的、咆哮的……法国大作家雨果对旋风有过这样的描述:"空中有树林之间的响声,看不见什么,却听得到马队的疾驰。忽然之间,人们又可以听到一种高大的、混乱的、嘈杂的声音,好像在空中作神秘的对话。看见它那苍白色轮廓的人,无不感觉到面对着一种不可消灭的力量,可以说它使人类的智慧感到不安。人类的智慧是不可战胜的,可是自然也是难于攻破的。"①

在 21 世纪初年,我国已经平静了十多年的经济学界也接连地发生了两股旋风:一次是在 2004 年发起的"郎旋风",一次是 2005 年发起的"刘旋风"。两股"旋风"的狂飙震撼之力,绝不亚于自然界中那闪电雷鸣的气团,因之也可以像雨

---

① 维克多·雨果:《海上劳工》,301—303 页,四川人民出版社,1980。

果说的那样，"是难于攻破的"。

抛开 2004 年那场"郎旋风"不说，我们单讲 2005 年这场"刘旋风"。它是由著名经济学家刘国光所刮起的。刘国光曾任中国社会科学院副院长、经济研究所所长，现为该院终身顾问（被中国社会科学院任命为终身顾问的目前只有两人，一是著名作家兼学者钱钟书，另一位就是刘国光）。他是中国首届经济学杰出贡献奖（人称中国经济学的"诺贝尔奖"）获得者，被称为"经济学大师"[1]、"稳健学派改革者掌门人"[2]、"官方权威经济学家"[3]、"当代中国最有影响的经济学家"[4]。因为他是站在经济理论高层台阶上刮起的，其风速与风力，其影响与震动，自然都非同凡响。这就像《荀子·劝学》中说的那样："登高而招，臂非加长也，而见者远；顺风而呼，声非加疾也，而闻者彰。"

那么，这次"刘旋风"是怎么刮起来的呢？

说起来，也是风起于青苹之末，事出于有意无意之间。原来，2005 年 3 月 24 日，首届中国经济学杰出贡献奖颁奖大会在人民大会堂隆重举行，中共中央政治局委员、国务院副总理曾培炎亲自莅会颁奖，并作了重要的讲话。获奖者刘国光、吴敬琏精神矍铄、神采奕奕地登上了领奖台，捧过由国家和人民所给予的最高奖赏（另外两位获奖者薛暮桥、马洪因年事已高，未到颁奖现场）。四位获奖者是经济学界众望所

① 高鸿业：《中国经济学应该遵循的道路》，见《刘国光旋风实录》，174页，中国经济出版社，2006。

② 张玉妹：《学者风范，山高水长》，见《中国统计》，2003(11)。

③ 曲力秋：《刘国光纵论宏观调控》，载《新民周刊》，2004 年 5 月 24 日。

④ 刘国光：《首届中国经济学杰出贡献奖获得者丛书·刘国光专集》，1 页，山西经济出版社，2005。

归的领军人物，又是我国二十多年经济改革过程中贡献卓越的"功臣"，人们对他们充满了敬仰之心与钦佩之情，因此，当他们走上领奖台和致答辞时，不论是他们本人，还是广大听众，心情都是很不平静的。只要我们看看刘国光的第一句话"我对此深为感动，深表感谢"，就知道当时他是何等亢奋与激动。

他抚今追昔，感慨万端，说出经历二十多年经济改革风风雨雨、闯过无数道险岭与难关的一位老战士的心情。他倾吐着全部忠诚说：

> 我们这一代经济学人，经历了计划与市场烈火与实践反复的锤炼。有人认为，现在尘埃已经落定，市场占了上风，计划不再时兴了。我不完全这样看。计划经济在前苏联、在中国，还是起过光辉历史作用的。但是历史也证明，计划经济不能解决效率和激励问题。市场经济作为资源配置的主要方式，是历史的必由之路。但市场经济的缺陷很多、很多，也不能迷信。完全让看不见的手来调节，不能保证社会公正协调的发展。在坚持市场取向改革的同时，必须有政府有效的调控干预加以纠正，有必要的计划协调予以指导，就是说要有看得见的手的补充。在像我国这样的发展中大国，尤其要加强政府社会经济职能的作用。这是我和许多经济学界朋友们的共同信念。①

① 刘国光：《刘国光文集》，第十卷，580页，中国社会科学出版社，2006。

就是这样一番披肝沥胆的话，没想到竟然引起许多的异议，舆论上一片哗然，最后引发一场意想不到的"旋风"。网上和报刊上爆发了声势浩大的评议与争论，而且因之而将经济改革的主张划分为主流与非主流两大派。虽然两大派主张都是实行改革和进一步深化改革，但是两大派的论争还是如同一场震撼强烈的旋风，席卷了整个学术界，几乎所有的经济学家，还有各行各业许多不是经济学家的人们，都投入到这场论争中来。

多年来一直为经济改革出谋划策、精心为过热的经济运行设计软着陆路线图的刘国光，在看到祖国进入 21 世纪已经稳妥地实现软着陆后的经济建设，正展现出欣欣向荣、一日千里的繁荣景象时，心情是万分兴奋与鼓舞的，犹如当年杜甫听到官军收复河南河北消息而发出"漫卷诗书喜欲狂"一样。但与此同时，他又凭着一个经济学家聪敏睿智的深思和能够透视社会经济各种复杂现象的锐利目光，凭着一个哲人永不减退、也永不应当减退的忧患意识，凭着一个学者毕生忠诚于祖国、忠诚于社会、忠诚于学问的良知，讲出了这一番肺腑之言。在此之后，他又接连不断地写出数篇洋洋洒洒、一句一长思、一字一瞻望的倾吐孤忠的肺腑之言，如《进一步重视社会公平问题》、《对经济学教学和研究中一些问题的看法》、《把"效率优先"放到该讲的地方去》、《坚持正确的改革方向》和《我国改革的正确方向是什么？不是什么？》等等。

他首先提出的是社会公平问题。二十多年来的经济改革打破了平均主义的"大锅饭"制度，这是一个很大的进步，但近些年来收入差距迅速扩大，已成为影响当前社会和谐与稳定的重大问题。反映各阶层收入差距的基尼系数已经超过国际警戒线，我国社会结构已经逐渐形成两大不同群体：

以占有财富、权力和知识为特征的强势群体和贫困农民、城市农民工、城市失业者与下岗人员等组成的弱势群体。邓小平同志早在1985年就对于解决贫富差距问题作出前瞻性的论述,他设想在20世纪末达到小康水平的时候,就突出地提出和解决这个问题。他告诫人们:"如果我们的政策导致两极分化,我们就失败了"①,虽然当时还不能确定已经发展到两极分化的程度,但是,"我们不能忽视收入差距的迅速扩大可能发展为'两极分化',不应忽视实际存在的严重社会不公引发潜在的社会危机。"②

其次是国企改革中的财产流失问题。目前,在法律与市场体系都不健全的情况下,在国有资产真正主人缺位的情况下,将大型国有企业及国有控股企业出卖给管理者,难免会出现将全国人民勒紧裤带积累下来的资产贱价甚至白送给少数人,让他们一夜之间成为暴富者的现象。因此,刘国光心情沉重地指出:"国有资产产权改革不是一个单纯的学术问题,而是一个强烈的公共政策问题。"③

还有令人头痛的腐败蔓延问题。目前,官商勾结、权钱交易、权力的资本化和市场化等现象已是相当严重,引起了群众的普遍不满。此外,教改、医改、房改等领域也出现诸多问题。

但是,争论的焦点还是市场与计划、市场经济与社会主义制度之间的关系问题。在我国的改革开放取得关键性突

---

① 邓小平:《一靠理想二靠纪律才能团结起来》,见《邓小平文选》,第三卷,111页,人民出版社,1993。

② 刘国光:《刘国光文集》,第十卷,593页,中国社会科学出版社,2006。

③ 刘国光:《刘国光文集》,第十卷,583页,中国社会科学出版社,2006。

破的 1992 年，对于我国经济体制的发展取向，邓小平、江泽民同志都十分明确地定性说：我国实行的是社会主义市场经济。这也就是说，我国的生产诸要素的配置都通过市场机制，并且要充分地发挥市场机制，这是同西方各国的市场经济相同的；但是我们是社会主义制度下的经济，这又是与西方各国的市场经济不尽相同的，这是由我国的特色所决定的。

有人说，我们经济体制改革是增量的改革。对此，刘国光曾生动地指出：对于存量也要充分盘点，必须大力清除旧体制中那些阻碍生产力发展的各种规章制度。但是在充分发挥市场机制的同时，不能放弃必要的计划协调与国家的宏观调控，二者是相辅相成的，不能完全依靠市场机制那只看不见的手。可有些人并不这样看，特别是主张全盘西化、极力推行新自由主义的一些人。他们听到刘国光在颁奖大会上的那番讲话，认为他在那样隆重的场合单讲"我们强调市场经济，是不是相对多了一点"是有强烈针对性的。他的这些话不能不使一些人认定他——或者宽厚一点来说，误认他是主张要"少讲市场经济"的，甚而不再讲要进一步深化市场取向的经济体制改革。他强调对市场经济也不能迷信，在坚持市场取向改革的同时，还要有必要的计划协调予以指导，这给人的印象是他认为"坚持计划经济并没有完全过时"。因为他提出要把"效率优先，兼顾公平"的口号改成"效率与公平并重"，一些人把他说成是"民粹主义"，忽视了"发展是硬道理"等等。

总之，他在颁奖大会的答辞及此后一些访谈、对话与文章中，说出一些别人未曾说或者虽然说出但由于"人微言轻"而未引起人们广泛注意的话，从而在经济学界产生强烈的震撼,掀起了这场狂飙翻卷的"旋风"。

经济学领域两种不同观点的争议,必然影响到整个意识形态里的争议,因为经济学是马克思主义的重要组成部分。持有新自由主义观点的知识群体中,有些人因为片面地看重市场机制有搞活经济、促进生产力发展的作用,从而把市场机制与西方体制和意识形态等同起来,因此极力倡导全盘西化,在经济建设上主张全面市场化、不要计划协调与国家干预,在教学和科研上只讲西方经济学、不讲马克思主义政治经济学。这使刘国光感到问题的严重。

作为一个马克思主义经济学家和中国社会科学院终身顾问,最使刘国光感到压迫心脏跳动和呼吸不匀的是,在我们这个社会主义国家的经济学教学和研究中,马克思主义经济学的指导地位竟被削弱和边缘化,达到了令人不堪忍受的地步。2005年7月15日,教育部社会科学研究中心的一个年轻人樊建新找他来谈马克思主义经济学的教学与研究问题。一说起来,他便感慨万端、忧心忡忡,一谈就是四五个小时,一谈就是八九个大问题。樊建新回去之后,将谈话稍加整理,上报给中央有关领导同志,并将原文发表于《高校理论战线》,俨然一篇洋洋洒洒的万言书。

刘国光认为,在我们社会主义国家里,马克思主义经济学应当是主流,居于指导地位,而从20世纪90年代中期开始,出现了一种转变,西方经济学特别是新自由主义经济学成为了主流经济学,在我国许多高等院校的经济学教学与研究中,从以马克思主义经济学为主转变成以西方经济学为主,在经济类院校本科生和研究生的课程中,西方经济学的总课时超过马克思主义政治经济学的总课时多达1—3倍。一些学校的研究生入学考试,不考马克思主义政治经济学,而只考西方经济学。

有些人提出，经济学要"去政治化"。一位有名的教授主张，经济学的教育不应该是以意识形态为主的教育，而应该是以分析工具为主的教育。不言而喻，他们这么讲的目的，便是为西方经济学抢占主流地位制造舆论。而事实上，不论是马克思主义经济学，还是西方经济学，都"反映不同社会集团的利益、不同社会阶层的利益，不可能脱离不同阶级、不同社会集团对于历史、对于制度、对于经济问题的不同看法和观点"[①]。"我们国家是共产党领导的社会主义国家，这是我们历史的选择，是最基本的国情。坚持共产党的领导，实行社会主义制度，必须以马克思主义为指导，包括经济学和经济领域要以马克思主义政治经济学为指导。"[②]西方经济学只能是参考、借鉴，而不能居于指导和主流地位。作为基础经济理论，在我们社会主义国家里，只是一门，也只能有一门，那就是与时俱进的、不断发展的马克思主义政治经济学，不能是两门基础，或者是"双轨教育"。

他很同意改用一下当年张之洞"中学为体，西学为用"的命题，叫做"马学为体，西学为用"。

后来，有些人将刘国光的这些文章与讲话收编到一起，名之曰《刘国光经济学新论》。

在这本"经济学新论"中，刘国光说，我国二十五年来所进行的经济改革，其艰难困苦、艰险曲折，可以说是中国革命历程上又经历了一次"二万五千里长征"，非是亲身经历这"计划与

---

① 刘国光：《刘国光文集》，第十卷，615 页，中国社会科学出版社，2006。

② 刘国光：《刘国光文集》，第十卷，609 页，中国社会科学出版社，2006。

市场烈火与实践反复的锤炼"的人,是很难有此深刻体会的。而亲身体验了这场烈火锤炼并已亲眼看到改革丰硕成果的刘国光,对于这场改革是有着深厚感情的,对改革成果的珍惜也是非同寻常的,当下要进一步深化改革以取得更大成绩的决心,也是尤为坚毅的。但是,作为有良知的经济学家,经过长时间的观察与思考,他在以往的经济学论著基础上又作了进一步的延伸,指出当前改革中存在的值得深思、值得警戒、值得认真研究与解决的问题。邓小平同志当年就提醒人们,在 20 世纪末,要突出地提出和解决一些改革中的问题,这是一位历史巨人的高瞻远瞩。当人类历史结束一个世纪跨进另一个世纪的关头,历经了二十多年经济改革的中国应当说也走到了历史性的关键时刻,前后看一看、想一想、作一些反思,正是宏伟的改革进程提出的历史性课题与使命。用刘国光的话说,"对改革进行反思是为了纠正改革进程中消极的东西,发挥积极的东西,将改革向正确的方向推进。"

刘国光在我国改革开放正朝着纵深方向进一步深化的历史关头,以他的理论深研和敏观锐察的学者精神,不避政治风险,不顾群言嘲谤和舆论纷纭,果敢地提出了自己的回顾与感悟、深虑与新知,从而在经济学界乃至整个舆论界造成强烈的震撼,人们称它为"刘旋风"。

汉高祖刘邦面对自然界的大风曾有过感悟,他说:"大风起兮云飞扬,威加海内兮归故乡,安得猛士兮守四方。"看起来,大风卷动,既是坏事也是件好事,它可以成为涌现与荐拔兴邦建国人才的考场,成为吸纳强国富民的善言良策的机宜。古之贤人曾经说过:"言得其宜,智愚同赞。"① "用意深,

---

① 刘禹锡:《武陵北亭记》。

而劝戒切；为言信，而善益明。"①刘国光在颁奖大会前后所鼓起的这股"刘旋风"，因为用意深、得其宜，不仅为经济学界广大文人学子们所称赞、所认同，而且不久便为中央领导同志所重视。2005年8月17日，中共中央政治局常委李长春同志便在教育部社会科学研究中心上报的樊建新《关于经济学教学与研究若干问题》访谈录上面作出批示："很多观点值得我们高度重视。"

在2013年8月召开的全国宣传思想工作会议上，习近平总书记更是强调指出："党校、干部学院、社会科学院、高校、理论研究中心组等都要把马克思主义作为必修课，成为马克思主义学习、研究、宣传的重要阵地。"

这便是"刘旋风"所掀开的一篇"楔子"，我们用这个楔子作为这本传记的开首，看看当代这位最著名和最有影响力的经济学家之一、人称经济学大师的人，在人生的道路上是怎样一步步走过来的。

---

① 欧阳修：《魏梁解》。

第一章　多灾多难的南京城

□1. 炮火与洪水

　　一个人，不管一辈子走南闯北走了多少路，也不管他在生命的旅程中充满着怎样的奇趣和光彩，但总是一刻也不会忘记生育了他、养育了他的乡土，怀念着他生命旅程起点的地方。而且，越是到了老年，越是产生着对于故乡故土的怀念与思恋之情，纵然是历史上那些叱咤风云的英雄豪杰和我们身边经常见到的那些最刚强的汉子，也都曾经流过饱含着甘与苦、情与怨、喜与忧的各种滋味的思乡之泪。

　　思乡和乡恋，是人类的一种共同感情，而刘国光对于故乡的思恋之情尤深，因为他与他的故乡南京一起，经历了许多难忘的艰苦岁月。

　　1923年11月23日，他诞生于南京下关煤炭港附近的宝塔桥畔。

　　南京是个多灾多难的城市。在刘国光刚刚记事的时候，就接连发生了四次灾难。

　　第一次是1927年他刚刚4岁的时候，北伐军攻占南京，迅猛的革命洪流使得帝国主义心惊胆战，怒火中烧。3月24

刘国光传

日夜晚，英、日、美、法四国停泊在下关江面上的军舰一齐向城里开炮，炸得房倒屋塌，血流成河，满地残砖断瓦和烧焦了的商品杂货，令人目不忍睹。

第二次是 1929 年的一场大火。一天晚上，怒吼的北风吹得天摇地动，忽有一家棚户失火，狂风立即卷起火舌蔓延到周边百余家棚户，只烧得天红地赤，火海翻腾，浓烟滚滚，遮日蔽空。刘国光家附近的宝塔石桥也被熏烧得斑痕累累、一片狼藉。上千人一夜之间变成了无家可归的流浪汉。

第三次是 1929 年，争权夺势的各派新军阀之间互相干戈相见。国民党改组派头子汪精卫不满蒋介石大权独揽，便唆使他的爪牙——浦口驻军头领石友三起来挑衅，夜半初睡之时突然用炮轰击南京城。于是又是一片房倒屋塌，又是一片血流成河。由于石友三的大炮都是由他的驻地浦口隔岸打过来的，那时的大炮射程又不很远，因之炮弹的十之八九都落在刘国光家的附近下关一带。

第四次是 1931 年，发生了百年不遇的特大洪水。这次洪水灾难大，波及面广，江、浙、皖、赣、鄂五省都受了灾，洪水淹没了汉口、芜湖、南京、镇江、扬州、无锡等长江沿岸许多城市。延续时间也长，大约有一个多星期水才退下去。

深黄色的洪水，夹杂着呼啸的风雨和轰鸣的雷电，以骇人的气势汹涌澎湃地泛溢出来，迅猛地吞没了长江两岸无数村庄和城镇、田野和川原。随着几个高大如山一般的洪峰席卷过来，大街小巷立即灌满了洪水，特别是下关那一带地势低洼的地方，更是转眼一片汪洋。

刘国光的父亲刘致和是个精明干练的人。他虽然只念完小学，但自学成才，在那个科学技术还都较为落后的年代，便能够娴熟掌握五金、电料等各种商品性能知识,而英文更是特别地好,因此由一个小贩变成了一家专营进出口的和记洋行职员,后来又晋升为月薪近一百块大洋的中级职员。用现在的话来说,他已经称得上是一位白领阶层了。

刘国光原来也曾有过几个兄弟,但都夭逝了,因之父母对他格外疼爱。然而越是疼爱,父亲对他的学业抓得越是紧,一刻也不放松。在他没入学之前,父亲就将他领到自己办公室,教他识些简单的字,算些简单的数,也教他认识些英文字母。因此,他的英语较其他孩子都好,没上学之前就能看懂一些英语小画册了。后来,父亲又把他送进私塾,在私塾里学了些《三字经》、《百家姓》等学前启蒙教育的书。

在六岁那一年,父亲将他领进小学校的大门口。这座学校名叫老江口小学,就位于煤炭港的下边,靠近长江轮渡的渡口。学校规模很小,只有两排房子板板整整地立在坡地上。后排房子较高,是高年级的教室,前排地势较低,是低年级的教室。刘国光从最低一层教室开始,一步一步地升高,最后走进了后一排较高地方的高年级教室里。他从没有迟到早退过,更没有无故地逃学和旷课。他印象最深的是樊子山校长的爱人邓老师,她教的一首歌一直鼓励着他的一生,不论遇到什么艰难险阻,他都记住那首歌里的一句歌词:"走啊走,向前走,不回头!"

刘国光的母亲姜淑兰是个非常善良贤惠的妇女,淳朴节俭,乐善好施,姐妹四人中排行老二。外公姜永发家境较为殷实,住在北城鼓楼一带,有田产也有房产。他自己务农种菜,雇工开菜园子,而更大的进项是他在城里开设的大学生公寓。原来他家有一大片房产位于今天的南京大学、东南大学附近,他便利用那片房产开设了个大学生公寓。幸运的刘

国光也正是借助外公开设大学生公寓，自小儿便有机会接近许多文人、学者和读大书的人。

1934年，刘国光（前排右一）与父（后排右二）母（后右三）及亲属在南京玄武湖公园合影。

那时候，茶楼、大学生公寓、会馆和戏院子是社会文化活动中心，就同外国的文化沙龙一般。这里聚集众多文人、学者，互相传递着政治、经济、文化、教育等各界的最新消息。不论是风和日丽、花朝月夕之时，还是北风朔雪、雷雨交加之际，这里总会有一些文人、学士前来活动。他们或者是借茶酒浇胸中块垒，抒发对时势的感怀；或者是吟诵自己的新作，评议他人的文章；或者是拜师学艺、传道授业解惑；或者是以文会友，以求同舟共济、并舆而驰。

母亲常带着小国光到大学生公寓里来，因为她的三妹姜淑颖嫁给了这座公寓里的一个大学生。他叫程登科，当时是中央大学四年级的学生。后来，他果然就像名字所兆示的那样，高科得中，以优秀的成绩大学毕业，被选派到德国留学，归国后在中央大学、重庆大学及湘南大学等高校任教,是一位颇有名气的教授。

由于姨父的带领,小国光认识了公寓里另外一些有品德有才华的大学生,其中特别是袁俊与孙泽树。他们都很喜爱小国光的聪明机灵,勤奋好学,看他对于读书天生有一种罕有的灵巧与感情。其中袁俊更是认下他来作自己的干儿子,把许多心爱的书交给他看,有的书最后就送给了他。他们告诉了他许多在他那个年龄段里有的能够理解、有的尚不能理解的知识。但由于他的认真、聪敏与诚挚,他们便都认为他理解了,从文学、历史、音乐、绘画,一直到各门自然科学,他们见到他的眼神里都能唤起共鸣的感应,于是便都以为发现了一个日后可以成长为学者或者是思想家的嫩芽儿,便都带着无穷乐趣地猛力向这嫩芽施肥浇水,耐心栽培。

刘国光就是这样毫无意识地走进了文化界的精英群体之中。虽然他当时是以一个百分之百的幼苗子,或者用他们所乐意戏谑的爱称"干儿子"的身份进入的,但这个进入却不期而然地获得了双向的美满收成。他得到了许多同龄孩子得不到的知识,而干爹也因他而幸运地得到了美满姻缘。母亲当时就是用这个被称作"干儿子"的孩子作纽带,将她的一个最要好的朋友、父亲洋行里的一个女会计张懿娟介绍给自己儿子的干爹孙泽树。抗战爆发后刘国光流亡到大后方时,曾得到孙泽树夫妇各方面的照顾,这是后话。

□ 2．江宁中学里的三兄弟

1935 年 9 月,刘国光考进了江宁中学初中部。

江宁中学是南京市乃至江苏省都很有名气的一所中学，成立于 1934 年夏，当时全名叫做江苏省立江宁初级中学，校长赵祥麟，一位挺有来历的教育家，毕业于中央政治学校，后来去了美国。教员都是些饱学硕儒，多是资深阅广、在教育界颇有声望的人。其中，语文教员管雄最有才干，他刚刚毕业于金陵大学，英气勃勃，满腹经纶。新校舍建成时，他还编写了一副朗朗上口、寓意精深的对联："何年得广厦千万间，听寒士书声俅人颜笑；今日与吾党二三子，看迎门山色横楹晴岚"，让人多少年后仍深藏胸中，久久不能忘怀。学校校址原在中华门外小市口，是一些草房，中间还在一个旅馆里上过课，后来搬迁到江宁县东山镇，这才盖起让管雄老师长吟不已的新校舍。新校舍离南京城有二十多里路程，刘国光便作为寄宿生开始了集体生活。

　　在小学校里他的学习成绩一直很好，考试时总是名列前茅。他之所以能有这样优秀的成绩，得之于严父慈母的关怀与管教。现在他离开了父母，在寄宿学校的集体生活里，又结识与蒙受了同学的关爱、朋友的关爱。他开始体验到世界上除了父母之爱以外，没有什么比在学校里结成的友谊更让人值得珍惜了。一岭青山同风雨，半窗明月共书声，这里边有着多么浓厚的情趣与情谊呀！最值得怀念的，是他在江宁中学里结交的两个很要好、很知心的朋友。他们岂止是共笔砚、同书声，简直就是形影不离，几乎能做到"三位一体"。如果你在图书馆里或者运动场上见到了他们其中一个，就不难见到另外两个人的影子。他们因此而常常被人称为"一坨儿"，或者是"三兄弟"。这两个人就是一直坐在刘国光后排的路翎（后来成为著名的作家，当时的名字叫徐嗣兴）和姚牧（后来成为音乐家，当时的名字叫姚抡达）。三个人因为学习上都很优秀,加上气质相似,性情相投,自然发展成拆不散、打不乱的莫逆之交。人们都用羡慕的眼光望着他们,望着这坨儿充满着青春友谊的"三兄弟"。

1937 年 1 月,父母与 14 岁的刘国光合影。

"一二·九"学生爱国运动的浪潮汹涌澎湃,很快就传导到南方。日军不仅霸占了东北三省,而且又连肇祸端,铁蹄践踏到长城内外,炮口直指华北平原。国家危亡于旦夕,中国人民被迫发出了最后的吼声,从平津一直震荡于长江、珠江,四万万同胞同仇敌忾,义愤填膺。

原来还比较平静的南方,现在也已不平静了!日本帝国主义以成都事件为借口,派出大量军舰横闯长江,猖狂肆虐,蛮横无理地用大炮轰击长江沿岸各大城市,南京更是首当其冲。无数的无辜平民再一次在日军的炮口下流血牺牲,成了无家可归的冤魂。对于日本强盗如此野蛮的行径,国民党政府不敢还击(虽然沿岸设有无数炮台),但爱国的人民大众却忍无可忍,一起发出愤怒的吼声。

在这群愤怒的游行队伍行列里,也有南京江宁中学的学生们,其中刘国光、路翎等人更是走在这队人群中的前列。他们响应北平"一二·九"学生运动的号召，走上街头，呼着口号，打着旗帜，游行示威，同时用更多的时间走向农村，深入民间，宣传抗日道理，为英勇奋战的义勇军募集款项。他们一路上唱着《义勇军进行曲》、《五月的鲜花》和《九一八小调》，走在街头巷尾、田间地头，慷慨悲壮地呼唤着、呐喊着，激荡的青春热血感动了无数不愿做亡国奴的爱国同胞。

在这宣传队伍里，数姚牧的歌唱得好。他走到哪儿唱到哪儿，很受群众的欢迎。他也是个感情容易冲动的人，常常是唱着唱着便热泪盈眶，喉哽嗓咽，唱得周围的人眼圈都红红的，有的人也跟着流下了泪水。刘国光的歌唱得也很好，他经常同姚牧一起在宣传队中合唱，同样也是很能感动人的。但他更多的时间还是与路翎合作，编写墙报稿子。他们还编写了不少小型的演唱节目，宣传抗日爱国思想。

□3．父亲最后离开血泊的下关

到了 1937 年 11 月，侵略者的铁蹄已经踏过江阴、无锡、镇江，一步步地向南京逼进。句容茅山脚下已经连连响起了撕天裂地的炮声，接着便是密集如雨的枪声、号声、咆哮声、嘈杂声、呼喊声、女人凄惨的哀嚎声和孩子的啼哭声，一切时间上的顺次和空间上的秩序都统统被打乱了，都在天昏地暗的恐怖之中摇晃颠倒和溃散崩塌。

刘国光刚从湖熟、板桥一带的下乡宣讲队里回来，父亲就到学校把他接回家，催促他赶紧随同母亲、堂姐与逃难的人群一起逃离南京。已经是一刻也拖延不得了，这里马上就要处在日本强盗的屠刀之下。他还想走进屋里去收拾一下衣物,父亲焦急地说:"你母亲已经替你把东西都收拾好了,船正等候在和记洋行的门前,时间是一刻也耽误不得的了!"刘国光心情沉重地随同母亲和一个堂姐急匆匆赶奔到江边船上。

轮船满载着苦难和忧愁,夹杂着婴儿啼饥号寒的哭声和疾病老人可怜无助的呻吟,在浑浊的江水里缓慢地航行。两天之后,到了汉口,刘国光他们又换乘小火轮奔向长沙。

到了长沙,姨夫程登科接待了他们,并安排他住到他的干爹袁俊家里。现在,这两人都在湖南大学里任教。他们还都像当年在大学生公寓里那样地照料着他,关心他的生活,关心他的学业,百般周到,尽量使他感受不到流浪异地的困苦。他们把他送到长沙中学里去做旁听生,听那些底蕴深厚的老先生讲课。岳麓山下是当年王船山办学的地方,学风古朴,气运传承,非其他地方可比。这里的学生作文一概要求用古文,起码也要用像梁启超写《少年中国说》那种文体来写。这样的熏陶磨砺,对刘国光日后文笔的精练畅达起到了很大的作用。

长沙有个八角亭书店,课余时间他喜欢在那里读书。这时已经是国共合作时期,周恩来等长江局领导人住在武汉,后来又迁至长沙,因此这里的进步书刊很多。他在八角亭里读到了许多好书,像斯诺的《西行漫记》(当时叫《红星照耀中国》)和邹韬奋的《萍踪寄语》、《经历》等等。这时,他的头脑里已开始激荡起革命的思潮。

到了年底,刘国光的父亲刘致和也满脸怆然愁楚、神情黯然地随同洋行的人,失魂落魄地逃难到武汉。

从 12 月 8 日起,日军从东西南三个方面用重炮狂轰滥炸开道,步步缩紧了对南京的包围圈。炮火中,刘致和与和记洋行的职员一起躲进英国的"怡和"号趸船上,避难于三汉河的上流。他们在船上听到枪声密如骤雨,炮弹弋着流光不时从空中划过,四处轰鸣着震颤大地的爆炸声。他们亲眼看见护守在下关一带的军舰接连击落好几架在空中横行的日本飞机。他们满怀着期望,同时也用泣血的虔诚衷心祈祷我们能够打退敌军的侵犯,守卫住南京这座六朝古都、民国首府,然后好掉棹回家,照常去洋行工作。谁曾想到,到了 11 日傍晚,枪炮声响竟然越来越稀落下来,敌人的飞机与坦克越来越密集地在天空和地上横行。所有的迹象都表明,古城是保不住了。人们心如刀割,焦苦如焚,无限哀伤、无限眷恋地换乘到英国太古公司的吴淞号轮船上,仓皇离开南京,溯江而上奔往汉口。他们不知道,在他们刚刚离开南京后,就发生了历史罕见、惨绝人寰的大屠杀。他们的祖居之地,顷刻之间变成一片血海,变成了血雨腥风的焚尸场、埋人坑;他们的乡人邻居,顿时变成了断头冤鬼、屈死灵魂,千秋万代饮恨黄泉。根据后来人们踏着血迹、含着泪水一一核查的结果,南京大屠杀的十二个场地中,有七个就在他们所居住的下关一带,离他家最近的有宝塔桥鱼雷营集体屠杀场地、煤炭港集体屠杀场地、和记洋行附近的集体屠杀场地、下关中山码头的集体屠杀场地、龙江口集体屠杀场地、挹江门集体屠杀场地。日军为什么多选择下关一带实施血腥暴行呢?因为这里便于尸体处理。火焚需用大量汽油,深埋难免遗留下罪恶痕迹,而把尸体推入江中,是毁灭罪证的最简便方法。据日本一个随军记者叙述:"在下关码头,尸体堆成了黑糊糊的山,有 50—100 人在那里干苦活,把尸体拖下来扔进长江。

尸体还淌着血，有些人还活着并虚弱地呻吟着，他们的四肢还在抽动。"①长江水为之鸣咽，为之哀泣，江里边一时间流淌的全是血水，漂浮着的是黑压压的一片尸体。这是亿万斯年流淌着的长江从来没有过的凄惨场面。

---

　　① 今井正刚：《侵华日军在中国的暴行》，见《南京暴行》，27 页，东方出版社，1998。

第二章　流亡在嘉陵江上

□ 1. 来到了雾重庆

　　父亲刘致和惊魂未定、死里逃生地来到武汉后,刘国光与母亲闻讯也由长沙赶来会面,大家心里那种悲愤不已的心情,千言万语也难以诉说。惊后犹惊、痛定思痛的父亲头脑还算冷静,他沉着地分析了一下当时的局势说:"看起来,武汉也难以持久了,你们再回长沙也住不长了。整个政府都西迁进川,要坚持抗日,能够保住我们中华民族祖先血脉的地方,看起来,也只有四川一隅了。国光的学业未竟,要不想做亡国奴、做假洋鬼子,只有随同难民一起进川了!"刘国光自然是不愿做亡国奴、做假洋鬼子,虽然当时他只有十四岁,仍是没有任何疑虑地接受了父亲为他作出的选择。但他毕竟还年幼,依恋父母之情有多深,这是任何人都可以想象得到的。当他得知父母要绕道返回上海时,不免伤心地流下了眼泪。他对今后自己的前途艰险、流浪异乡自然是心忧忐忑、前程未卜,而更让他难割难舍的是父母与他从今是天南地北分作两地,骨肉情义只能留恋在夜阑人静的梦魂之中了。他望着父亲那清秀稳重的脸,望着母亲那和蔼温存的脸,不由得再次流下伤心的眼泪。他依依不舍地扯住母亲的衣襟,谁知道这竟是他最后一次依恋。母亲在返回南京后没几年就病逝了。父亲怕他太伤心难过,影响他的学业,便一直瞒着他,没有将噩耗告诉他。一直到抗战胜利后返回老家南京时,他才得知这一消息,这成为他永远难以消解的遗憾!

那时,要找船进川是相当困难的,进川的船舶紧张到了极点。父亲刘致和在武汉为他们奔波了很久,费尽了全部心力,最后总算在继姨母的帮助下找到了舱位。这时,已经到了1938年的元月初了。父亲又像在南京时那样千叮咛万嘱咐地将他送上船,细心地为他收拾好铺位,直到通身流出了汗,这才气喘吁吁走出船舱,站在码头上一边用手帕擦拭着额头上的汗水,一边用万分关心、一直不肯放心的眼光,望着轮船缓慢地离港而去。

历经千折百回、千难万险,终于来到了重庆。刘国光是随同继姨母杨惠贤一起进川的。此时姨母姜淑颖已经去世,姨父程登科续娶了这位妻子。他们对于国光仍然如同姨母在世之时一样,因此,来到重庆后他便住在姨父位于上清寺的家里。这里的地势适中,位于长江与嘉陵江围绕合成的江心小岛上。姨父家里还有一个姑姑,已经结婚了,姑姑与姑父都在上清寺中学里教书,日子过得也还可以。住过一段时间之后,想起母亲临别时曾经告诉他,重庆还有她的一个好友张懿娟,就是当年由她做媒介绍给国光的干爹孙泽树的。孙泽树大学毕业后回到老家重庆,在北碚农场工作,张懿娟本人在一家医院里当会计。他们夫妇对刘国光一直是很好的,于是国光便又住到位于千厮门的孙泽树家里,张懿娟夫妇对他更是百般关怜与照顾。

现在,他是彻底地过上流浪者的生活了,就像《流亡三部

1939年，就读于重庆国立第二中学的刘国光。

曲》中唱的那样——"整天价在关内流浪"。寄寓客家，寄人篱下，荒芜岁月，浪迹天涯。

黄昏时候，他经常踩着一地细碎的残阳在江边闲步。头顶上，阴云像凝冻的残雪一般堆聚在狭窄的天穹里，暝暝的暮色笼罩着躯壳浑噩的高楼和寒风中瑟瑟抖动的树木。嘉陵江在一片模糊不清的暮色里波涛汹涌地流淌着，江上的船舻拖着沉重身躯，在波峰浪谷中寻觅前进的航路。远处不时传出纤夫们悲壮的号子。

这时候，他不由得悲凉地哼唱起歌曲《嘉陵江上》：

嘉陵江水静静地流，
流不尽我的哀愁，
流不尽我的烦忧。
我深深地怀恋我美丽的乡土，
在那遥远的东海边，
在那沃野的扬子江头。
如今敌人踏破了我可爱的田园，
拆毁了我童年的摇篮。
如今我独自流浪在嘉陵江上，
看不见古城幽静的风光，
看不见离散的姐妹爹娘。
江水每夜呜咽流过我的心上，
一样的流水，

一样的月亮，

如今我徘徊在嘉陵江上。

当然，还有那首"每天价在关内流浪，流浪"的《流亡三部曲》；不过，他不是松花江上的人，所以唱起来倒不如这首歌儿寄寓着依恋乡土的更多深情，所以唱时总是带着更多的悲凉。

现在，他每天能够去的地方只有书店和戏院子。在那小小的文化角落，他才能打发充满离愁别恨的时光。那个时候的戏院子，是连轴转地演戏，你买一张票进去，中间只要不出来，便可以从早晨一直看到晚上。所以，门票这点开销，他还是能够应付得了的。那时，对流亡学生收门票也不那么严格。而到书店里去则更为经济：不买书是不用钱的，你还可以拿一本书站在一个角落里一直看下去。正是在这个时候，他看了许多社会科学方面的书，艾思奇的《大众哲学》、张仲实的《社会科学教程》、沈致远的《经济学概论》等著作都引起了他浓厚的兴趣，为他日后毅然决然地选择经济学这门艰涩繁杂的学问奠定了基础。

最使他意想不到的是，有一天，他在街头上匆匆走路，忽然遇见了好朋友路翎。这突如其来的喜悦，激动得他们一时都说不出话来，只有紧紧地拉住对方的双手。原来，早在 1937 年末，当局就在武汉和内地各大城市设立了流亡学生登记站，让逃难的学生都到站里登记注册，然后分批分期将他们送到大后方，设法在那里安置他们继续读书。当时抗战政府就设在武汉，因之去那里登记注册的学生最多。路翎在那里遇到了不少江宁中学的同学，其中还有他们的好友姚牧。年初，他们都先后乘坐著名爱国航运家卢作孚的民生号轮船，冒着敌机的轰炸,随着难民流一起拥进了重庆。

路翎告诉他,在半年多的流浪旅途中,他感受到很深很深的悲凉。他一方面看到日寇野蛮残暴地烧杀抢掳,一方面又看到内地的荒漠、凝固和令人窒息的腐朽痈溃。唯一能够让人心灵感到振奋的是那些抗日救亡歌曲,它们给人以勇气,鼓舞起新生的希望。他在武汉的时候,每天都冒着危险站到空地去观望敌我双方的飞机在头顶上激战。每当看到敌机被我方击中后拖着冒烟的长尾巴狼狈逃窜时,他便情不自禁地唱起那英勇悲壮的抗日歌曲来。

后来不久,他们又见到了姚牧。

这样,在雾都整日流浪的又是"一坨儿"三兄弟了。他们依然去戏院看连轴转的戏,而更多的时间是在书店里看书。他们依靠在书架的边框上,从早到晚地看,饿了就啃一口烧饼,渴了就在路边找一杯茶水喝。他们依据自己的兴趣爱好,倾心地选读自己所爱读的书。刘国光依旧看社会科学方面的书,而路翎则选读优秀的苏联文学作品,其中,最使他沉湎的是高尔基的《母亲》、《底层》和《在人间》。路翎后来在一篇文章中回忆说:"这个时代的青年们,大半是站在书店里的那些时间里得到人生的启示和天国的梦想的。"

□2．二中岁月:"燃烧起热血,挺起胸膛"

直到 1938 年 5 月,满山杜鹃开得红了一遍又一遍的时候,安置流亡学生就读的学校才算正式设立起来。它定名为国立四川中学,后来又改为国立第二中学,由新近迁来的扬州中学、淮安中学合并而成。后来,学校又把包括南京江宁中学在内的从江苏、浙江等地来的流亡学生都招收进来，所以当地人把它称为"下江人学校"。战乱使得学校没有现成的校舍，所以只能分散地摆布：校本部、高中部、水产部设在合川，初中部设在江北文星场，女生部设在北碚。校长周厚枢原是扬州中学校长，人品学问、道德文章一向为人称道，当这个可以称之为"下江联合中学"的学校成立时，他是经过教育界人士一致推举并经教育部正式聘请才赴任的。

刘国光与路翎、姚牧三人都入了初中部，分到一个班级里读书。学校发给流亡学生一定数额的贷学金用以维持他们最低的生活。初中部的驻地文星场位于北碚东北部的华莹山脚下，邻近天府煤矿矿区，虽说是个镇子，又在川北小铁路沿线上，但只有一条百米来长的小街，有几家不大不小的杂货店、茶馆和面食铺子。从小街里走出去半里路，有一座破落的庙宇，便是这所学校的办公室和课堂，学生的宿舍有一部分设在破庙的配殿里，还有一部分租借附近的民房。学校没有宽敞的地方供学生们开饭，只好把饭堂设在镇里的文昌阁大戏台上。而上体育课时，又须回来越过小街走出街口，在一块略微平整的地方做运动。日常生活非常艰苦：吃的是带着稗子、谷壳的平价米，清汤寡水，少盐无酱；穿得更是简朴，多数学生一年四季穿着草鞋。尽管如此，这里却培育出许多知名人士：刘国光、路翎等人自不消说了，还有 20 世纪 80 年代曾任北京市委书记的李锡铭、曾任国家教委主任的何东昌，以及陈布雷的女儿、被胡耀邦同志称赞为"家庭叛逆、女中英豪"的陈琏。

条件越是艰苦，大家的学习热情越高。在课堂内外，碧野田间，从早到晚都是一片朗朗的读书声和高亢嘹亮的歌声。不仅是学习，抗日救亡活动也搞得轰轰烈烈、热火朝天。

他们经常下乡，又是讲演、宣传，又是演剧、唱歌，还搞募捐和义卖。那种热烈、紧张的学习、战斗生活，使得每个学员真就如同《二中校歌》里唱的："我们别离了五千里外的家乡，越过万水千山，来到这民族复兴根据地的四川，弦歌起舞在嘉陵江上。忍着吧，过去的悲伤；燃烧起热血，挺起胸膛！"爱国者的激情，长存在，不，一直燃烧在每个离却家园、辗转入川就读的莘莘学子的心头。

1938 年 7 月，刘国光初中毕业，9 月开学之后与路翎、姚牧等升入国立二中高中部。高中部设在合川县城北二里许的濮岩寺里。那座大庙是盛唐时期修建的，规模宏阔，气势轩昂，只可惜年久失修，已经残缺破败，断壁颓垣。濮岩寺里装不下这许多学生，又占了附近的定林寺。如今，濮岩寺因为年代久远已经荡然无存，唯余下庙门前一条长长的石阶路，印记着当年学生们从山上的宿舍起床后到山下小溪边洗漱时来回攀爬的足迹。这条台阶虽然迢遥修长，但其数目却十分好记，不多不少，整整一百二十八个台阶。一百二十八级，正与"一·二八"抗战声音谐同，大家走着走着，不能不思念起"一·二八"抗战的英勇激烈来。走这条路，虽然上下艰难费力，倒也能增添抗战爱国的豪情。

事实也果然如此。比起文星场的时候，这里的抗日宣传活动更为热烈活跃。一来，高中部里的学生较之初中部学生年龄更大些，更为成熟；二来，武汉失守后，作为陪都的重庆成为大后方的政治、经济、文化中心，许多知名的文化名人像郭沫若、田汉、陶行知、贺绿汀、胡风等都集中到重庆来，在他们的号召与带动下，抗日宣传活动无论从内容上还是形式上，都达到了一个更高的水平。二中的学生排演出《八百壮士》、《大烽火中》、《汉奸末路》等大型歌剧、话剧，并与中央大

学、重庆大学等剧团同台演出，同时还成立了相当有气魄的
"白雪国乐队"。歌咏队的活动更为活跃，经常是原扬州中学
的人列成一排，原江宁中学的人列成一排，高歌对唱，蔚为壮
观。1939 年 1 月，他们发动了有三千余人参加的合川县火炬
大游行，1939 年 3 月 12 日又举行了义卖献金大会。

1940 年 12 月，国立二中高中部三〇乙级全体同学合影（三排右六为
刘国光）。

　　所有这些活动，刘国光都是积极踊跃地参加的，特别是
歌咏队。他的嗓子本来就很好，唱歌又一直是他的爱好。对
于这些活动，姚牧、路翎则更为热心，他们几乎是全力以赴，
全身心投入。后来，他们更是借此作为平台，一步步地走向
了专业化的道路。路翎早在初中部的时候，已经靠着勤奋努
力地写作与投稿，引起了一些报刊杂志的重视，他的一些作
品，如记述他在武汉看到我军抵御日军飞机轰炸而奋起迎击
的壮举而写成的《空战日记》，还有写日本空军飞行员思念故
乡、具有强烈反战情绪的《朦胧的期待》，写日本侵略者烧杀

罪行的《一片血痕与泪迹》等,发表后都引起了强烈的反响。他还受到合川民营的《大声日报》聘请,担任了该报副刊《哨兵》的主编。他在文星场时还只是靠着邮政往来传递稿件,而搬到合川之后,则几乎是半脱产地忙于《哨兵》副刊的写作与编排上去了。他在《哨兵》上发表了许多慷慨激昂、声泪俱下的抗日爱国文章,其中除了他自己写的文章之外,也动员身边一些要好的同学,如刘国光、姚牧等一起参加战斗。

刘国光这时除了积极参加抗日宣传活动之外,对于学校里的功课是一刻也不肯放松。他觉得国难时期能有这样一个机会读书学习,十分难得,不论是为着国家,还是为着自己的未来,都要珍惜这得之不易的大好时光。因之他较任何时候都更加刻苦勤奋,早起晚睡,发愤求学。他在数理化方面的功课本来底子就很好,再加上勤奋钻研,因此考试时总是名列前几名。学好数理化的同时,他把更多的时间投入到社会科学方面。自从流浪期间他在书亭里看过艾思奇等人那些启蒙读物之后,他对于社会科学已经产生了浓厚的兴趣。他觉得救国之道虽有科学、教育等各个方面,但都没有社会科学,特别是其中的经济学来得更为直接、切实、明确和有用。因此,他对社会科学方面的书爱之弥深,钻之弥坚,锲而不舍,一片精诚。当时学校里藏有商务印书馆出版的《万有文库丛书》,辑录了社会科学方面的著作二百余种,刘国光将这套丛书几乎看遍了。马克思的《资本论》他也自学过,而且做了详细的读书笔记。那段时间,他真是"朝骋骛乎书林兮,夕翱翔乎艺苑"[1]。他牢记着李大钊的一句告诫:"知识,是引导人生走到光明与真实境界的灯烛。"而读书,勤奋地读书,

---

[1] 唐韩愈《复志赋》。

正是帮助你接过那灯烛的最切实可行的手段，因为勤奋地读书不仅可以增长知识，而且可以在别人思想的帮助下，建立起自己的思想。

1939 年 4 月，路翎因为全力投入文学创作与编辑《哨兵》副刊等工作，不能按时上课，违反校规，荒废课业，被学校开除了学籍。在此之前，姚牧也因为近似的理由，被迫离开了二中。刘国光对于他们的离去深为惋惜，也为他们日后的生活感到担忧。

1939 年下学期开学后的某一天，原江宁中学校长赵祥麟忽然来到国立二中。他当时在教育部任职，以视察员的身份来到学校，视察工作的同时，也借机找到原江宁中学的一些学生进行访谈，表示他的关心和爱护。通过这次访谈，刘国光对赵祥麟的近况也有所了解，第二天他马上给路翎、姚牧各自去信，告诉他们赵祥麟来到二中视察，因其在三青团有一定影响，建议他们去找赵祥麟，让赵在三青团帮助他们谋一条出路。姚、路二人接到信后，马上去找赵祥麟。赵祥麟果然慨然应允，第二天就将他们都介绍到三青团宣传队里去了。从此，姚、路二人走上了职业化的文艺道路。后来，路翎的文学作品《"要塞"退出以后》在胡风创办的《七月》杂志上发表，胡风发现这是个很好的作家胚子，便将他介绍到矿业部门工作，使他有机会回到初中部所在地文星场附近的天府煤矿去体验生活，让他睁大了一双能够看穿这个黑暗社会底层、看到社会底层中隐藏着的雷火的眼睛，写出不少反映工农大众身居社会底层的艰苦生活与挣扎奋斗的小说，如《卸煤台下》、《女工赵梅英》、《在铁链中》等，进而成长为文坛上一位举足轻重的作家，在中国文学史上占有不可忽视的地位。姚牧后来经过我国著名音乐家贺绿汀的介绍，到育才学校当了音乐系的"小先生",他演唱贺绿汀作曲的《嘉陵江上》,受到青年人的普遍欢迎。后来他又到抗战文化中心桂林演出,成为走红一时的歌唱家。解放后,新中国第一张唱片《东方红》,以及后来的《咱们工人有力量》,都是由他领唱的。他也是个作曲家,《姚牧抒情歌曲集》中许多曲子,在群众中都留有很深印象,比如他为电影《铁窗烈火》、《十三陵畅想曲》谱写的主题旋律,就长时间在人们的脑海中回荡着。

□3．不是学校遴选了他，是他遴选了学校

刘国光坚持留在二中学习,坚持走"书山有路勤为径,学海无涯苦作舟"的路子,坚持走艰苦跋涉、艰涩幽晦做学问的路子。他朝夕与书相处,朝夕与艰涩难懂的学问摔跤、打绊子,这是一条既费力劳神又最不容易放射光彩的路子。默默无闻地走着,默默无闻地熬费心力。1941 年 7 月,他以优异成绩毕业于二中。紧接着,他到重庆沙坪坝填表报考大学。在这里,他同样以优异成绩考上了大后方最好的、汇集国内著名教授最多的一所学校——西南联大。当时,该校招生的考取率是五十分之一,一点不亚于今天的清华、北大。

准备考试期间,刘国光住在姨夫程登科担任主任的重庆大学体育专科学校里。当时敌机不断来轰炸。有一次,学校的一栋楼房竟被炸掉了一半,惨不忍睹。敌机一来,人们就躲到防空洞里去。刘国光每次进防空洞,都要带上备考的书。任凭外面敌机撕裂长空,轰炸如雷,他自在里边全神贯注,在微弱的灯光下静心地阅读。有时灯光太暗,他索性走到防空洞口,借着从外面射进来的光亮,一只脚蹬在防空洞

壁凸出来的石块上,俯在腿上做习题演算。

自古道:"天道酬勤"。他这样勤奋刻苦,终于在高考中名列前茅。他的数学题百分之百正确,其他各门也都在90分以上。有了这样的高分,结果就不是由学校来遴选他,而是由他来遴选学校了。他当时报考了中央大学、重庆大学、浙江大学等四所高校,最后比较来比较去,还是选择了西南联大。

对于学校的选择,亲友们一致赞同,没有什么异议,而在专业的选择上则产生了很大的分歧。父亲是很关心儿子未来的,他一直希望儿子成为一个懂技术的工程师或实业家,就像当时已经声名显赫、成就斐然的范旭东、侯德榜等人那样。而姨父程登科的看法更为偏激。别看他是个学者型的人物,在体育界里是让人能够竖起姆指的权威,但思想却很守旧。他认为:理科的学问是实的,文科的学问是虚的;理科是一招一式的真把式,文科则是口头上的吹牛皮。因此,他坚持要自己的妻侄报考理科。

可是,刘国光却另有自己坚定不移的志向。他丝毫没有为他人的苦口婆心而动摇,果断地选择了经济学。他认识到经济学在中国还是一门新兴的科学,对于我国的强国富民是真正有用的学科。他在《资本论》的序言里看到马克思那样耐心地告诉他的国人同胞:"在德国,直到现在,政治经济学一直是外来的科学。""它作为成品从英国和法国输入;德国的政治经济学教授一直是学生。"刘国光想,政治经济学对于科学技术如此发达的德国尚且如此,对于百余年来一直封闭落后的中国,其陌生程度更是可想而知,这就更加需要努力钻研、承前启后地开创中国的政治经济学研究与运用的新天地。

他的这一勇敢抉择,是他一生至为紧要的关键,为他日后成为我国出类拔萃、有着特殊贡献的经济学家,铺垫下第一块路基石。就这样,从江宁中学里走出来的"一坨儿"三个好友,各自走上了完全不同的、能够充分发挥和展现自己才能的成才之路:一个后来成为音乐家,一个后来成为作家,一个后来成为经济学家。他们各有自己不平凡的建树,都在历史的回音壁上留下了不可磨灭的声音。这也可以说是一种偶然和偶遇,但偶然与偶遇里面也不乏某些耐人思索和寻味的人生轨迹。

列夫·托尔斯泰说过一句不断为人传说着的名言:"幸福的家庭,其幸福都是相同的,不幸的家庭,其不幸却是各式各样。"这一句话也可以转换一个题目来说:成才的人会得到社会的称赞,这是相同的;而每一个成才的人所走的成才之路,却是各不相同的。下面,我们就单讲讲刘国光所走过的成才之路。

第三章 在西南联大

□ 1．最简陋的大学校园

朝出青山头，暮宿青山曲。天梯石栈相钩连，高峰离天不盈尺。

1941 年 9 月下旬，在一片斜阳残照、暮霭苍茫的氛围中，几辆载货的卡车在九曲盘旋的滇渝路上疲惫不堪地爬行着。刘国光坐在那装得满满的货物顶上，任凭货车将他上下不停地颠簸着。车从重庆一开出来，很快就像一只挣脱了猎人套索的野兽，一头扎进崇山峻岭之中，而且越走越深，越走越险。四周是峰峦重叠、沟壑纵横，全然见不到一点人的踪迹。山前是山，山后还是山，连天都被这乱山给塞满了，再加上群山总是云雾缭绕，更加使人感到无边无沿。汽车有时在山的缝隙中穿行，又时又爬到山的脊背上，简直就像一条小毛毛虫从大象的腿上爬到肚子上，又从肚子上爬到脊背上。只要大象身子稍微一抖，或者有一阵小风吹来，那小毛毛虫立时就会从大象身上跌落下来，摔得粉身碎骨，不留一点痕迹。

在接到西南联大录取通知的前后，刘国光一直住在堂兄刘正炎的家里。堂兄在重庆中一路开设一个五金、电料小商

35

店,国光不肯吃闲饭,便从早到晚四处奔波帮助堂兄给客户们送货。重庆号称"山城",跑了两个来月,他常常汗流浃背,肩膀红肿。这种体力劳动,无疑锻炼了他日后在钻研学问之路上的吃苦耐劳和坚忍不拔的毅力。

9月下旬,接到了西南联大的录取通知,他便辞别堂兄和亲友,搭乘载货的卡车奔往昆明。一路上山高路险不说,还经常有土匪出没,真是让人提心吊胆,惶恐不安。谁知越惶恐越出事,越忙乱越出岔。车子刚刚开进云南境界,大家在一个小镇子上吃午饭,可在他上厕所的时候,汽车竟然悄无声息地开走了。一时间真如天塌下来一般,心都乱了,真就像莎士比亚说的那样,"吓得像一只打伤了的野鸭",因为包裹、行李都在车上。他心慌意乱,满头大汗地奔路寻觅,后来总算拦住一辆过路车子,急追猛赶,在离昆明尚有二百余里的曲靖县城赶上那辆货车。一场虚惊,几乎让人吓破了胆子。

要说,像他这样坐着货车一路颠簸而来的还不算太辛苦,报考西南联大的学生来自全国各地,到这里来上学的人几乎怎么走的都有:有的是坐汽车,有的是坐马车,有的是跟着马帮自己挑着书担子一步一步走来的,有的是乘火车出睦南关到越南河内,然后换乘铁路,再返回国内到昆明。千山万水,千折百回,无穷无尽的险阻。有一个从西康来的学生,甚至是骑着毛驴、驮着书本,像张果老一般在半个多月的蹄声嗒嗒中赶来的。

西南联大是由北方的清华、北大、南开三座大学内迁后联合组成的。三座名牌大学的著名教授都集中在这里,教历史的有陈寅恪、钱穆、向达、郑天挺、吴晗,教哲学的有冯友兰、汤用彤、贺麟、金岳霖与朱光潜,教文学的有闻一多、朱自清、沈从文,教经济学的有陈岱逊、赵乃抟,教国际关系的有张奚若、钱端升,真可谓天下英才尽收于此。这样一所大学,应当说是当时国内实力最强的一所大学了,难怪校长梅贻琦自豪地说:"所谓大学者,非谓有大楼之谓也,有大师之谓也!"因之,它对学生的吸引力极强,报考的人数最多。大家从全国各地不远万里奔来,挑担步行也好,用毛驴驮书卷也好,都在所不惜。

学校刚刚迁来时,校址还设在滇越边境上的小镇蒙自,半年之后才迁到昆明。刚到昆明时,联大只能借用城里几所中学的旧校舍和几间老式会馆作教室。到1941年刘国光考进西南联大时,学校已在文林街口外建起新的校舍。所谓新校舍,也只是一排排的土坯房,窗户是个大圆窟窿,没有玻璃,竖插几根带着树皮的木棍作护栏。空气流通条件倒是极好的。屋顶原是铁皮盖子,后来因为经费不足便把铁皮拆下来卖了,换成茅草屋顶。那土头土脑的样子根本不像个高等学府,倒像乡村里的庄稼大院。

刘国光大踏步走进的大学校门,也是极其简陋的,两扇大门是用木板子钉成的,完全不用油漆,露着天然的白茬。与普通庄稼大院不同的是,大门口挂着一块横书的匾额,上写"西南联合大学"几个字。走进校门,便是贯穿南北的一条长长的土路。这土路一下雨便泥泞不堪,几乎下不得脚。

土路的西南是学生宿舍。大筒子间,一间房里睡四十多个人,上下两层的木板床靠墙排成两大排,每排十个,与两面的墙壁成垂直形状站立着。两排大床中间是个通道,格局就像火车车厢里的卧铺。四十多人便集体生活在这样一个狭窄的空间里。当时联大的学生有三千多人,这筒子楼再大,也只能装一千多人。刘国光所在的法学院学生住在这里,并排的还有文学院与理学院。工学院则住在拓东路的迤西会馆，女生住在南院。宿舍里没有桌椅，有人便买了些肥皂箱子，三个一摞摞在床头，再在最顶上的箱子面上铺一张报纸做书桌。下面两个箱子可以放书籍和衣物。于是，这肥皂箱子也就成了书桌和衣柜。刘国光如法炮制，很快便在这筒子间里安下了家。

学生一般是不在宿舍里看书和做课业的。通常，他们到校边的树林里，或者到图书馆。学校有大图书馆，系里也有小图书馆，都可以坐下来读书。从宿舍往东北走便是大图书馆，这是学校唯一的一座瓦顶建筑。由于图书与座位都不够数，每天一清早，许多学生在外面等着，一开门就争先进去抢座位、抢指定参考书。直到晚上十点多钟，图书馆里还是灯火辉煌。学生们觉得战时还能有这么个良好的读书环境，非常值得珍惜，莫不勤奋刻苦地学习。

大图书馆的东面是教室。教室里没有课桌，只有特制的一些白木椅子，椅子右手支起一块乒乓球拍子大小的木板，学生就在这小木板上记笔记。就是这样简陋的椅子也不太富余，有时听课的学生多了，就得临时从附近的教室里搬过来些。不过，讲课的先生却个个是知名的教授，在经济系讲课的除了前面提到的陈岱孙、赵乃抟之外，还有徐毓枬、陈序经等教授。刘国光对于这些名教授倾慕已久。

陈岱孙是美国哈佛大学的博士，出身名门。他的伯祖父陈宝琛是末代皇帝溥仪的老师。他28岁时，就已当上清华大学经济系主任兼教授，教出来的学生多数成了学术专家和社会栋梁，如戴世光、巫宝三、严中平、石世奇等。西南联大的许多筹建工作，他都参与其事。

赵乃抟教授教的是西方古典经济学。他的穿戴极其朴素，一领藏青色长衫多年不变。他的手里总是夹着厚厚一摞子书。他经常从图书馆出来奔到教室然后回到住地，走路总是匆匆忙忙。

徐毓枏教授则是一派新式模样。他从英国剑桥大学回来不久，气质上、动作上、乃至说话的口气上，都有一种洋腔洋派。不过，这些先生们的学问都是很深厚的，徐教授是中国第一个翻译凯恩斯《货币通论》的人。

当时，大家在"一切为救国""一切为抗战"的口号下，都过着极清贫的日子，教师们发七折的工资，且不断有通货膨胀的冲击，日子过得都很艰苦、拮据。陈岱孙教授本来是吸烟的，现在一狠心把烟戒了。黄子卿教授烟瘾大，一时戒不了，只能上街去买土制烟。有一次他在小摊上买了几根真正的香烟，没动地方就大口大口地吸起来，一边吸一边叹气。卖烟的老太婆见了也为之感叹地说："可怜啊，可怜！"闻一多教授很长时间只穿一件亲戚送他的早已过时了的夹袍，而朱自清教授冬天里只穿一件赶马人用的毡披风御寒。

学生们的生活就更差了。吃的是通红通红的糙米，米饭装在几个大木桶里，盛饭的瓢也是木头的，因此米饭里充满了木头味。饭里什么都有：砂石、粳壳子、稗子、耗子屎……人称"八宝饭"。八个人一桌，四个菜都装在酱色粗陶碗里，清汤寡水，多盐少油。即使这样，吃过一碗饭再去盛第二碗时，桌上的菜已经被一扫而光了。

图书馆前面有个大操场，这里每个月都举行一次全校大会，名之曰"国民月会"，全称"国民精神总动员会"。会上，社会知名人士经常来校讲演，而校长梅贻琦先生则是每次必讲的。大家听演讲，一般来说都很散乱，漫不经心，唯独唱《西南联大校歌》时情绪激昂，精神振奋。《西南联大校歌》歌词由罗庸、冯友兰创作。曲作者张清常先生有时亲自走上台去指挥,同学们受此感召哪能不引吭高歌,唱出同仇敌忾、患难与共的救亡图存精神来呢? 歌词是:

> 万里长征,辞却了五朝宫阙。暂驻足衡山湘水,又成离别。绝徼移栽桢干质,九州遍洒黎元血。尽笳吹、弦诵在山城,情弥切。
>
> 千秋耻,终当雪;中兴业,须人杰。便一成三户,壮怀难折。多难殷忧新国运,动心忍性希前哲。待驱除仇寇、复神京,还燕碣。

□2. 躲空袭,泡茶馆

刘国光在西南联大从头到尾学习了五年,其中印象最深的有两件事:一是跑警报,一是泡茶馆。昆明几乎没有什么防空力量,所以敌机一来大家就往郊外跑。开始两年几乎三天两头来一次,到刘国光入学时敌机来的次数虽不那么多了,但依然有。联大学生跑警报都有了经验:发预行警报时不好不动,到一长一短的汽笛声发出空袭警报时才一定要跑。好在学校后门一打开,越过铁道就是山野。在空旷的山林里找个坟头,看哪里有墓碑就往哪里一靠,既可以聊避一下飞机的轰炸,又可以较长时间地背靠着它读书。

泡茶馆更是联大学生在这特殊环境里的家常便饭。前面说过,学校里的图书馆座位有限,宿舍里又没有桌椅,要读书和做功课难得找到个空闲地方,而花钱极少空闲极多的茶馆,便成了联大学生攻读的最好场所。所以,在当地人

1946 年 5 月,西南联大经济系 1946 级话别会留影(一排左二为刘国光)。

常说的"坐茶馆",到了这些从北京来的北大、清华学生嘴里,就成为名副其实的北京味的"泡茶馆"了。有一个同学,竟是一年到头风雨无阻地泡,甚至连洗漱用具都放在茶馆里。早晨一起床,他就抱着书本跑到茶馆里来刷牙洗脸,然后泡上碗茶吃两个烧饼,一边吃茶,一边看书。中午出去找个地方吃点东西,饭后回来又是一碗茶、一摞子书。晚饭也是如此,一直看到街上灯火阑珊,才夹着书本回到学校宿舍里睡觉。第二天,仍然是这样一个日程。日复一日,年复一年。刘国光没有那样地经常、持久,但茶馆也是经常来泡的。一来,这里有空闲的桌位可以沉下心来读书做课业;二来,这里也是个社会小缩影,来这里喝茶的什么人都有,听他们海阔天空闲聊,可以增长不少见识,有更多的机会接触社会。当然,更主要的原因是,在这里可以挤出一块完整的时间做课业,因为茶馆里不仅可以喝茶,而且一般都代卖烧饼、盐水泡梨、酥饼、煎血肠等小吃食,茶喝饱了,点儿小点心对付着就是一顿饭,这样,一整天的时间都可以用来做学问了。在徐毓枏教授指导下,刘国光完成高级经济学课程之后开始用英文写作《读书心得》,这篇论文有一多半时间就是在这家小茶馆里完成的。

西南联大的民主爱国运动一直很活跃,许多教授都是社会知名人士,像闻一多、费孝通、吴晗、张奚若、钱端升、朱自清等人,人品风格、道德文章都深受学生热爱,在社会上影响很大。在他们的影响与带动下,联大的学生爱国运动也一直轰轰烈烈,高潮迭起,始终保持着北大的革命传统。因之,西南联大常被人们称为大后方的"民主爱国运动坚强堡垒"。新校舍大门东边的围墙是"民主墙",墙上贴满了各色各样的壁报,激进的观点和保守的观点都有。其中,进步学生组织的"群社"力量最强,他们的言论在群众中影响力最大。

刘国光也跟随那些进步同学一道,参加到轰轰烈烈的民主爱国运动中来。他与黄海等人组成"社会科学研究会"、"大路社",在壁报栏内不定期贴出《大路报》参与战斗。当然,对于"群社"等所组织的文艺宣传活动,例如在龙潭街赶集的日子里搭起简陋舞台演唱抗战歌曲《大刀向鬼子头上砍去》、《保卫黄河》、《丈夫去当兵》、《太行山上》等,他们也都积极地参加。

□ 3．抗战胜利之后

中国人民经过了八年艰苦卓绝、前赴后继的浴血奋战,终于赢得了抗日战争的胜利。但是,国民党反动派为着抢夺胜利果实,却不顾全国人民的强烈反对,决心要将人民再推到战争的火海里，一意孤行地制造事端，要全面发动内战。要求和平建国的呼声震撼着大地，反内战、反迫害的浪潮汹涌澎湃，从南到北，到处响起人民正义磅礴的呼喊。在这个时代的滚滚激流中，西南联大首举义旗。1945 年 12 月 1 日，一场震惊中外的学生爱国运动、人称第二个"一二·九"的"一二·一"学生运动爆发。

原来，11 月 25 日晚上，联大学生要在学校图书馆前面的草坪上举行一次大型的时事演讲晚会，庆祝抗日战争取得最后的胜利。事前，学生会已经邀请了几位民主爱国教授来作演讲。国民党当局闻讯立即大动肝火，调集大量军警出来破坏与干扰。军警先是包围了校园，在围墙外面鸣枪威胁，接着又打响了机关枪和小钢炮，切断了会场上的电源，以求引起会场的骚乱。散会之后，他们又把住几条主要路口，不让学生通行，使数千人在寒风中瑟瑟颤抖地站到天明。学生们对于国民党当局的破坏活动极其愤慨，大家纷纷出来走上街头，举行集会，发表宣言，赶写和印刷宣传品，成立剧艺队、歌咏队上街演唱，在街头刊出大型壁报。整个昆明市就像一座火山一般，喷发出暴烈的火焰。军警们被冲击得惊慌失措，他们恼羞成怒，在 12 月 1 日接连派出几批暴徒闯进联大校门，用钢钎、刺刀攻击学生，捣毁宣传物品。学生奋起抵抗，数人被打伤。最后，特务们竟然狠下毒手，向学生人群里投掷手榴弹，当场就使得三名学生和一名教师被炸死，造成了历史上有名的"一二·一"流血惨案。

当天傍晚，联大学生抬着烈士的遗体，将其停放到图书馆前的空地上，含着泪水举行公祭大会，愤怒地撞响了"自由之钟"。这钟声震惊了所有爱好和平民主的昆明市民。很快，有数万人丢下手中的各种活计，来到西南联大参加公祭。

全国各地的知名爱国民主人士郭沫若、沈钧儒、宋庆龄、马寅初、黄炎培、柳亚子等,也都纷纷来电或送来挽联与悼词。在这怒火燃烧的日子里,西南联大成了全国民主爱国运动的心脏。"一二·一"打响了抗战胜利后反内战、反迫害、反独裁统治的第一枪。

刘国光积极地参加了这场学生爱国运动。他刷标语、印制宣传品、上街游行、编写街头壁报,也参加学生罢课斗争,与愤怒的学生一起抵抗军警暴徒向学校的冲击。在公祭烈士大会上,他愤怒地呼喊着口号,满含热泪地聚守在烈士的遗体之前。

"一二·一"学生爱国运动以人民大众的胜利而告结束。国民党当局被迫采取了一些妥协退让政策,其中包括撤换当地驻军、惩办肇事凶手等。西南联大学生继承 1935 年"一二·九"学生运动的革命传统,再一次用青春的热血和正义的呼声震撼了"蒋家王朝"的统治。而西南联大不久也光荣地完成了它的历史使命。在日寇侵占华北、毁坏我国文化古都北平之际,它保存了北方几座历史悠久的名牌大学。它在大后方极其简陋的条件下为祖国培养大量宝贵人才,可以说是我国教育史上一个奇迹。1946 年 5 月 18 日,西南联大奉命北迁,恢复了原来的北大、清华、南开三所学校的建制。

为适应这一形势变化,对刘国光他们这一期应届毕业生,学校决定在 5 月份提前毕业。刘国光在这五年刻苦研修,已经深入地走进经济学这座科学殿堂里面。鉴于英文阅读能力不错,在几位国外归来的博士教授们的指导下,他通读了西方经济学的许多名著。不管是古典经济学,还是近代的庸俗学派,或者有如蔡元培在《北京大学月刊》上所说的"计学之干涉论与放任论"(实际上即是现今人们常说的国家调控与市场自由竞争学说),他全都做了认真的研读与思考。而对于马克思的《资本论》,由于他在中学时便已倾心偏爱,这几年更是循着探求真理的艰难途径往上奋力攀登。因此,他的大学毕业论文题目,便在赵乃抟教授的指导下,选择了以马克思地租理论为主轴的《地租理论纵览》。他融贯了各派经济学理论,重点突出了马克思主义的主导思想,使得这份论文写得很有分量。未来的一名优秀经济学家此时已初露锋芒,即将从知识的襁褓中脱颖而出。

告别了,西南联大! 这是一所培育了众多英才的文化摇篮。这座在抗日战争这一特殊历史条件下创办的大学,用它独特的规范和独特的运作,造就了无法计数的科学明星(如杨振宁、李政道、邓稼先)和国家栋梁之材(在最近选出的中国社会科学院首届学部委员中,有刘国光等六位是西南联大学生)。有一位专门研究西南联大校史的美国教授(中文名字叫易社强)曾经作出详细的统计,他说西南联大八年培养出来的人才,比北大、清华、南开三十年加在一起所出的人才还要多。我国有许多人才学家在研究这个问题时,也是这么看的。有人或许要问:"这是为什么?"答案只能有一个:特殊的历史环境,造就了众多的特殊人才。刘国光,便是这众多特殊人才中的一个。

第四章　一进经济研究所

□ 1.徐教授指点方向

别了,西南联大!

现在,他又乘坐汽车盘旋于云贵地区的崇山峻岭之中了,不过,这次他千折百回、千难万险地回到了老家——南京。

八年离乱,八年流亡,该是一段多么沉痛、多么心酸的日月呀!现在他又回来了,又回到了曾被日本强盗血洗过的南京城,又回到了下关宝塔桥旁曾经被1931年洪水浸泡过的老家,又见到了在侵略者奴役下苦熬孤撑过日子的老父亲。

父亲显而易见比他离开时苍老多了,身躯微微发胖,两鬓之间已有星星白发。虽然两眼还是那么明亮有神,也不时闪烁出男人特有的幽默爽朗,但眼角上的皱纹却已深深密布,生活的艰难重负压得他脊背也有些弯曲。清秀的面庞虽然依然是很愉快的,气色也好,但已明显沾染岁月的风尘,失去了昔日的风采。自离家之后,刘国光的父亲刘致和先是坚持在和记洋行做事,因为洋行是英国人开的,有国际公约约束,日本人一时未敢使粗动鲁。但到1941年底太平洋战争之后，这些洋人财产一律被日本人强占没收了，和记洋行也被迫关闭。刘致和为着生活起见，只好在下关热河路另觅地方，自己开了个小铺面，依然卖些五金、电料等器材，勉强维持生活。

八年离乱，现在又阖家团聚，本该有说不尽的欢快与喜悦，可当父亲满含悲凉地将母亲因生活煎熬而病逝的消息告诉刘国光时，父子俩又是一番相对无言的哀伤。八年离乱的沉痛回忆，又一幕幕地闪现在眼前。良久的沉默之后，还是父亲首先咽下余痛，打破哀伤气氛，开口询问儿子今后的去向。刘国光也便将他的境况一五一十地告诉了父亲，同时也征求他的意见。西南联大毕业时，学校里原本介绍刘国光去台湾糖厂工作。这对他倒也是个很好的去处。工厂厂长周厚枢原是四川省国立二中校长，能在他的手下工作，对于刘国光的日后前程自然是有许多好处的。但是父亲刘致和认为，台湾离家太远，动辄漂洋过海，来往交通不便。父亲年岁已高，且家境大不如前，无论从哪个方面来看，都日渐需要他的照看，因此那个遥远的地方是万万不能去的！

不去台湾，又能去哪里呢？

当全家人对他如何迈出这人生第一步很难作出适当的选择时，刘国光想起了他的导师徐毓枬教授。徐先生很是看重刘国光，一直对他怀有好感。在刘国光离开西南联大时，徐先生对刘国光说，今后无论遇到什么难题，都可以去找他。现在徐毓枬教授正在上海，何不就去上海找徐教授讨教，请他为今后指点出一条明路呢！上海离南京不远，他很快就找到了这位受人尊敬的先生。徐教授听了他的述说，沉吟了片刻，很认真地思考了一阵，然后说："人们大体上可以分作两种类型：一是事业型的，一是学者型的。从我与你接触的这几年中,我发现,或者说我清楚地感觉到,你是属于后者。去台湾糖厂自然会有很好的发展,但对于你这种类型的人来说不太合适。对于学者型的人,需要的是潜修与埋头。潜修于做学问的基本功,埋头于书山学海的遨游之中,这是学者型之人的常态。而潜修也好,埋头也好,都要迈过一个重要的门槛,或者说是一个关键的台阶,那就是良好的教育。从你的目前情况来看,最好是能够出国留学,进一步深造。但你的家庭经济条件不允许,那么只好退而求其次,那就是报考清华大学的研究生。我说的这个其次,也很不错,因为那里集中了许多国内一流的专家、教授、学者。你知道我们西南联大经济系主任陈岱孙先生吧? 他仍然留在清华当系主任。其他的一些教授也都不错,也都还在,他们的水平,即使拿到国际上也毫不逊色。说一千,道一万,如果你愿意接受我的意见的话,我建议你报考清华大学研究生。"

"我能行吗?"刘国光问。

"你完全能行! 从我几年来的接触来看,从你写的论文来看,你都具有充分的可能性。"

刘国光接受了徐教授的意见,报考了清华大学研究生。后来,果然如同徐教授分析的那样,刘国光"具有充分的可能性",一考便考中了。1946 年 8 月,他在上海参加考试,9 月初便告别父亲,从南京乘车去上海,然后取道海路,乘船北上。

刘国光站在船头甲板上,放眼远望,但见海天相接之处,满眼是通明的蔚蓝色边界。早晨,随着第一缕曙光的闪亮,红彤彤的太阳冉冉升起,从东方天际线上浓墨似的云层里穿出,把一大片辉煌耀眼的光线撒到异常宁静的海面上。他手扶船舷,望着从海水里雄伟壮丽地喷吐出来的红日,感到格外的鲜艳、明亮,好像照得自己的身体也发起光来。他的心情兴奋得无以言表,望着天空,望着红日,一时间竟忘记了自己身在何处,好像有一种力量正在他的体内生成,生成着黎明般的希望,生成着新的颖悟和慧聪。

刘国光走进清华园后,第一个面见他的便是徐毓枬教授。一切都是那么巧,他的研究生导师就是为他出主意的徐教授。

徐毓枬教授对于现代经济学是有很深造诣的。一方面,因为是凯因斯《货币通论》的译者,他对《货币通论》深有研究。自从《货币通论》产生后,凯因斯理论成为西方经济学的主流思想。在西方经济学原理教程的一切著作中,就其主导思想与格局框架来说,都有意无意地以凯因斯学说体系作为轴心。另一方面,他的英文较好,可以随意地大量阅读西方报刊书籍,对于当时(特别是第二次世界大战以后)西方经济学界了解得颇为深透。当时,他已深深地感悟到了凯因斯经济学体系的不足。究其原因,主要是凯因斯当时急于解决1929—1933年世界经济危机的现实问题,只对经济因素的总量变动作了短期、静态和封闭式的研究,而对于经济发展与增长,不得不作了必要的舍弃,甚至连国际贸易与国际金融这些相当重要的范畴,也置之于视野之外。后来的经济学家,特别是第二次世界大战以后的当代经济学家,则竭力于对他的这些不足进行弥补,打破他的那些短期的、静态的固定思维模式,着力从动态发展中寻求生产要素的有效配置,同时从封闭式谋划的狭窄圈子里走出来,把它放到国际贸易与国际资本流动的大循环中来研究它的发展趋势与经济运转周期,以寻找每一个时期的经济稳定的最为合适的条件。

刘国光在徐毓枬教授的精心指导下,已经进入到现代经济学的这个津梁，准备操起庖丁解牛的剔刀，游刃于西方经济学的各筋胳、骨架与关节的缝隙之间。正在这时，忽然接到的一封家书，打断了他既定的研究之路。

父亲来信告诉他，近来家庭经济状况连遭意外，愈陷愈深，特别是那座当年经过洪水浸泡的房子出现了坍裂，到了非要翻修不可的时候，因此已经积累下很多债务。父亲有些难于启齿，但还是隐隐约约透露出这层意思，说家中在很长一段时间内，不但无力供应刘国光的学费，而且在不同程度上还希望借助他的一些力量来作支撑。

见信后他心中波澜翻滚，忧心忡忡，百感交集，百虑丛生。在百般无奈之中，他又找到曾经为他点拨迷津、指出过明路的徐毓枬教授。徐教授是一位深明事理的人，他不但精心于世界经济危机，而且精心于家庭经济危机。他知道，当经济危机一旦来临时，什么善良的愿望、美好的追求都无法安然无恙、完整无缺地保存下来。唯一的办法，就是调整既存的形式，走迂回曲折的进取之路。

怎么个迂回进取呢？徐毓枬经过一番周密的思谋筹划，给刘国光做了细致的安排。他有个好友陈序经教授在天津南开大学任教务长，经徐毓枬荐举，陈序经教授同意接纳刘国光到南开大学经济系当助教，而且还让他兼职经济研究所资料室工作。这是十分理想的安排：刘国光既可以取得一定的经济报酬，借以援助家庭急需，缓解父亲被债务磨难紧紧压住了的手，又可以有机会听到平、津两地诸多名家教授来南开大学开设的专题讲座，大大开拓探寻学术奥秘的视野。这就是徐教授为他所设计的迂回进取之路。

但刘国光对于这种研修方法又逐渐地感到了不足。也就是说，在如此宽广的学问海洋里驰骋下去，他感到尚有一些羁绊之处。他固然可以因此而厚积薄发,积淀下做好研究工作的基础,但厚积与薄发的关系却不容易搭配好。最主要的是,这里与现实生活的联系不那么容易密切地结合。而且,还有一些日常行政业务会耽搁他不少时间。因此,他更向往走进能够直接面对现实的经济研究阵地。

1948年9月,他在家乡南京结了婚,女方刘国贤(原名刘静萍)是一位小学教员。父亲等人都希望他能找机会调回南京,可以更好地照顾家庭。他也正好找到了一个契机,找到一个机会到北平求助原西南联大经济系主任、时任清华大学经济系主任陈岱孙教授。陈教授熟知刘国光的志向,也熟知他的深厚根基,于是写信介绍他到南京中央研究院工作。

中央研究院院长一直是由我国著名教育家、原北京大学校长蔡元培先生担任的。研究院下设十几个研究所,其中,社会研究所所长陶孟和先生在北京大学时就是蔡校长的部下。当年蔡元培组建教授委员会,五个委员中就有陶孟和。后来,陶孟和又接替马寅初先生担任了北京大学教务长。蔡元培到了中央研究院,继续聘请陶孟和到研究院经济研究所(当时叫社会学研究所)当所长。蔡元培辞去研究院院长职务时,还曾考虑让陶孟和接替他的院长职务,并让他继续兼任社会学研究所所长职务。

□ 2. 开始走进经济研究机构

刘国光手拿陈教授的介绍信走进研究院经济研究所大门时,恰巧这位老教育家、知名学者陶孟和先生出国访问去了,代理他主持经济研究所业务工作的是梁方仲先生。梁方仲是国内有名的经济史专家,思想进步,同情革命,抗战期间曾经去过延安,考察过陕甘宁边区的土地问题。他见到陈岱孙教授的介绍信,自然是无话可说,当即就把刘国光留下,让他当了一名助理研究员,同时兼管所里的现金出纳。

自此,刘国光走进了最利于释放自己才能的领域,走进最能施展自己独到功夫的阵地。后来事实证明,正是在这样的阵地上和岗位上,他的才华接连不断地结晶成亮丽的研究成果。

建国后不久,北京已经规模整齐地建立起中国科学院,但南京还留有四个研究所,经济所便是其中的一个。这时,研究所由老一代研究人员巫宝三(经济研究所迁至北京后,他升任为研究所的副所长)等人牵头,组织了一个城市经济调查组,对南京市手工业经济发展的历史与现状作了系统的调查研究。毛泽东同志很早就曾经指出过:一般地说,中国幼稚的资产阶级还没有来得及也永远不可能替我们预备关于社会情况的较完备的甚至起码的材料,如同欧美日本的资产阶级那样,所以我们自己非做收集材料的工作不可。① 巫宝三、刘国光他们的这份调查报告,就是根据毛泽东同志的这一指导思想进行的它对于了解我国解放初期的社会经济状况是一份很难得的基础材料,直到今天仍有一定的参考价值,所以一直被珍藏在社会科学院经济研究所的档案库里。

通过参加这次调研,刘国光也更加明确了理论联系实际的学术研究方向,他脚踏实地、不厌其烦、不避烦琐、踏踏实实肯下笨工夫的学术研究作风得到增强,他从现实出发、从

---

① 毛泽东:《农村调查》,见《毛泽东选集》第三卷,789 页,人民出版社,1991。

实际生活中入手提出问题、分析问题、解决问题的能力得到锻炼。这次调研是使他雄厚的理论基础能够得到很好应用的十分有益的实践活动。后来的事实证明,这次社会经济调查对他以后学术研究确实是一次很好的实地演习。事后不久,他写出了一篇评述马寅初先生著作的理论文章在《社会科学》杂志上发表,得到了经济界人士的一致好评。这也是他第一次公开发表经济理论文章。

1950 年冬,刘国光到南京汤山区仙鹤乡参加土地改革。1951 年春归来后,他与冯德华同志合作写了一篇《土地改革对解放生产力的重大意义》,发表在学术性很强的报纸《光明日报》上,再一次证明了他理论根基的深厚,证明了他所选择的理论密切联系实际的科研道路的正确。

由于他在理论研究上的这些突出表现,组织上越来越发现是块从事经济理论研究的好材料。好材料需要很好的锻造和反复的熔炼,正所谓"马不素养,难以追远;架不厚栋,不能任重",况且他当时还正年轻,正是可以锤炼的时候。于是,组织上便给刘国光创设条件,不断地送他到最适合的环境里去深造。1950 年春,他先从中国科学院被选送到华北人民革命大学政治研究院学习培训,1951 年夏又被选拔去苏联留学。

在选拔过程中,他经过了一场关键的面试,这场面试不论从哪个角度来看,对于他今后将要走什么样的道路,以及在经济理论研究上要采取什么样的立场、观点和方法等,都具有决定性的意义。这两位主考人一是他一生中的恩师与导师、清华大学经济系主任陈岱孙教授,一是中国人民银行行长、参加过辛亥革命的老共产党员南汉宸。他们向他提出了两个问题,其中一个是:你从前是学西方经济学的,现在要送往世界革命中心莫斯科去学习马克思主义经济学,你对于这二者之间的关系持什么样的态度?

这个问题正是他准备用一生来作出回答的。早在四川读高中三年级的时候,他就通读了王亚南、郭大力翻译的《资本论》第一卷,从而便坚定了对马克思主义经济学的信仰。后来到西南联大读书,他又跟着陈岱孙、赵乃抟、徐毓枬等教授学西方经济学,认为西方经济学在探讨经济运行某些方面的规律,以及宏观调控和微观管理的运作方法方式上,特别是在经济数学与逻辑推理的结合上,确实有许多先进与科学的东西,值得我们认真地去学习、掌握、吸收和借鉴,但在主体内容和指导思想上,则必须坚持马克思主义的立场、观点、方法,即辩证唯物主义与历史唯物主义相结合的方法。他在华北人民革命大学政治研究院学习时,进一步系统地学习了马克思主义,受到了深刻地再教育,从而更加坚定了这一矢志不渝的信念。因此,他在回答两位主考官的这一问题时,详尽地叙述了自己的马克思主义世界观的形成与发展过程,最后明确地将二者之间的关系作出了科学的、理性的概括:"马克思主义经济学应该是指导,是主流,西方经济学无论是古典的,还是现代的,都有科学的一面又有庸俗的一面。正如列宁所指出的:'以往的政治经济学从私有制的运动似乎使人民富有这个事实出发,得出了替私有制辩护的结论。'[1]例如,他们都宣传私有制是万世永存的、市场是万能的,都以私利为轴心作为价值取向标准等等。因此,它只能作为我们的借鉴与参考,而不能作为指导方向。一个是主流,一个是参考,二者之间的关系,决不能颠倒与混淆。我们的国家是

---

[1]　列宁:《哲学笔记》,9 页,人民出版社,1960。

共产党领导的社会主义国家，这是我们历史的选择，也是历史发展的必然，谁也不能动摇与否认这一客观事实。我们要坚持共产党的领导，坚持社会主义制度，就必须坚持以马克思主义为指导，其中也就包括着必然要以马克思主义的政治经济学为指导，这一点也是绝对不能动摇与改变的。"

两位主考官——陈岱孙与南汉宸，都是既深通西方经济学又深通马克思主义经济学的权威人士，听了他的回答都满意地点了点头，两人互相对视了一下之后，不用详细商量，一致同意派他留苏学习。

3．在莫斯科的岁月里

1951 年 8 月，他同建国后派出的第一批留苏学生一起，跨出国门奔赴苏联首都莫斯科。

当他跨过莫斯科河，走到凝结着无限历史深沉的用一块块鹅卵石铺成的红场上，听到克里姆林宫城楼上传来的荡起岁月风云的悠扬钟声，看到钟楼上那闪闪发光的红星时，心脏就像打鼓般激烈地跳动，整个身心和理念都随着那钟声而得到升华和净化，都飘忽到一个崇高无比的境界里。

刘国光被分配到莫斯科国立经济学院（后与国民经济学院合

1953 年，刘国光就读于莫斯科国立经济学院。

并为普列汉诺夫经济大学),在苏联著名经济学家贝切克教授的指导下攻读副博士学位。

中国留学生深感自己肩负着历史的重托,深知祖国与人民对自己的期望,因此,无不以惊人的毅力和顽强拼搏的精神,奋力地去克服语言和生活习惯等各方面的不便,废寝忘食地刻苦学习;同时也注意同那些善良的、酷爱和平的苏联人民友好相处。当时,苏联人民对于通过自己的艰苦卓绝革命斗争获得了解放的中国人民普遍怀有好感,每当见到中国人走过来都非常亲热地打招呼,喜欢与中国人交朋友。在学校里,不论是老师还是同学,无不满腔热情地帮助中国学生学好学业。

那时候,太阳好像离我们特别近,天空好像特别蓝,世界好像特别鲜明、艳丽。大家的精神都很充实饱满,心情都很明朗愉快。那时,世界反法西斯战争刚刚结束,人们经历了战争的摧残和磨难,心灵中痛苦的烙印留得很深很深,因之觉得周围的一切很可爱,都值得特别珍惜。不论是蔚蓝的天空还是油黑的大地,不论是繁华的街道还是寂静的村庄,人们都把生活看得非常明朗,就像初升的太阳一样。对于许多不可理解的事情,都用善意的心情去理解;对于许多不尽人意的地方,都用善意的心情原谅它。因为大家都感到,能够经历了那样一个毁灭的年代而生存下来,本身就是很不容易的。那时,每个人都在努力地工作、学习,不苛求任何报酬,没有任何怨言,好像只有这样才能对得起那些在战争中不幸死去的人们:只有加倍努力工作,才能替他们将其未竟的事情完成。

中国留学生是以勤奋而著名的,在各国留学生当中经常听有这样的话:"像中国学生那样勤奋"。在图书馆和阅览室里如果还留有最后一个人的话，那个人一定是中国人。当时，各个大学生宿舍都设有名为"红角"的地方，类似于我们今天的书报室加棋牌室，而坐在这里的中国学生不是看杂志便是看报纸，很少有玩棋牌的。勤奋必然会出好成绩。"天道酬勤"，这是自古以来的明训。几乎各个学校里的中国留学生都是课堂里的尖子和考试榜上的排头兵。

刘国光在学校里更是特别地勤奋好学，成绩十分优秀。他经历了新旧两个不同的社会，亲身经历了八年离乱的流亡学生的艰苦岁月，对比今日的良好学习环境，他比任何人都懂得这来之不易，因而也就更加珍惜当前这美好时光，更自觉地为着这有幸的读书环境而较之他人付出更多的艰辛劳动。如果说"天道酬勤"也有个等级函数的话，那么多付出去的勤奋，也就必然会有多出来的酬劳。因为他得了天道的这种加倍的酬劳，所以在各经济院校的众多中国留学生里面，他受到了人们普遍的赞扬与称道。

导师贝切克教授对他也很好，偏爱他，器重他，不论是学业上还是在生活上，都给予他许多的帮助。同时，导师也特殊地给予他很大的自由，特别尊重他凭着自己兴趣和意愿来选择副博士的论文题目。刘国光十分珍惜，也很慎重地对待导师对自己的信任。斟酌再三，他觉得祖国正在社会主义经济建设阶段，急需妥善解决的问题便是国民经济的综合平衡问题，只有把这个问题解决好了，才能够使经济建设持续稳健地、协调有序地发展，于是他便选定了综合平衡这一问题。国内的一些朋友，特别是当年一起做南京手工业经济调查的老同事、已调到北京中科院经济研究所工作的巫宝三等同志也积极主动地提出了类似的建议。经与导师一再商定，题目最后便确定为《论物资平衡在国民经济平衡中的作用》。他本来想作另外一个题目的，即关于国民收入的形成与分配的问题——当然这也是属于宏观调控方面的一个很重要问题，但是那个问题还只是整个国民经济综合平衡中的一个部分，它偏重于价值形态方面，更多地涉及分配与消费领域，而就当时我国正在全力进行国民经济的恢复与建设来说，搞好两大部类生产的物资综合平衡问题，比较起来则更为急需迫切。当然，对于后一个课题他也一直恋恋不舍，就像对一位多情的情人那样，一直念念不忘。幸好第二年又从国内派来一个研究生，他便将那个题目推荐给了那位新来的学友，亦即后来也成为经济研究所所长的董辅礽。十分值得人们玩味的是：这两个作国民经济综合平衡题目的人，后来都先后当了社科院经济研究所的所长，成为组织我国经济研究工作的带头人。说来是很巧合，实际上并不巧合，其中也自有其必然的因素。

1954年，刘国光在莫斯科红场与同学王积业（左）留影。

刘国光在莫斯科的日子里，每天很早就起来，按照习惯，简单地吃一点面包夹香肠之类的东西，至多再加一杯热茶或者是咖啡，然后就提着小小的革制手提书包从宿舍里走出来，尽量寻找最"捷径"的一条小道去往地铁站，然后乘坐地铁到列宁图书馆。在那里，他往往一坐就是一整天，如饥似渴地阅读那丰富的知识宝库里的一切于他有参考价值的书籍和报纸杂志。中午，他就在附近的小餐馆、小饭铺或者是小卖部里随便地吃点东西，有时可以算做一顿午餐，有时简直就是点补点补。饭后，他继续那好像永无完结的作业。如此，日复一日，年复一年。他当然没有像马克思那样把脚下的地板磨出一道沟来，因为列宁图书馆里是木制地板不是砖地，而且客观上他也不能老坐在一个座位上，因为座位很紧张，需要早早地去占座位，占到哪个座位便是哪个。

1955 年 6 月，刘国光的副博士论文《论物资平衡在国民经济平衡中的作用》在国家评审与考试委员会的答辩会上全票通过。学术委员们对于他的这篇论文不但给予充分的肯定，而且予以很高的评价，甚至在报纸上发了简要的消息。

后来，这篇论文的提要经李芳华、张丹翻译，收集到《刘国光文集》第一卷中。

第五章　二进经济研究所

□ 1. 协助苏联专家核定资金定额

　　1955 年 7 月,刘国光从苏联留学归来,又回到他出国前的工作单位。不过,这单位已经不是从前的那个中央研究院社会科学研究所,而是建国后于北京新建立起来的中国科学院经济研究所。

　　我国自 19 世纪 70 年代开始公派留学生,从容闳率领 120 名幼童去美国留学算起,到 20 世纪五六十年代国家派出的几万名留苏学生为止,有历史学家计算说这已是我国留学史上的第五代,也有的人说是第六代。在这几代留学生中,唯有第五代(姑且这么计算)没有一个人留在国外不归,也没有一个人不在毕业后立即返归祖国,为祖国报效的。而这第五代留学生的人数,大大超过以往几代留学生人数的总和。虽然他们当中有不少的人归来后也遭遇各种不公正的待遇,在历次政治运动中被当成斗争对象,被打成右派分子、右倾机会主义分子,被打成"反动学术权威"、"苏修特务"等,在政治上、生活上蒙受许多冤屈与苦难,但他们对祖国的忠诚与热爱始终不变,他们矢志不渝,赤子之心一往如初。笔者不知该如何解释这一现象，历史学家也没有对此问题作过阐述。但笔者想，除了当时特定的历史、地理条件和严格的选拔制度外，更重要的是他们都是在祖国刚刚升起黎明的太阳时派送出国的，是在亲眼看到、亲身感受到祖国正充满着无限生机和美好未来的时刻派送出国的，他们曾经亲耳聆听毛主席言之谆谆的"希望寄托在你们身上"的教诲。那种对于祖国的依恋和忠诚的感情，就如同磁针永远不改向北的指向一般。青山不改，绿水长流，那是印在人们心底里的永远铭刻。刘国光就是这磁针永不改向的群众中的一个，而且是较为卓越的一个。刘国光时常记念着作家果戈里说的一段话："为了国家的利益，努力地使自己的一生变为有用的一生，纵然只能效绵薄之力，我也会热血沸腾。"

他回国后——实际上在回国之前，就已经接受了原来在中央研究院一起工作的许多朋友，特别是原中央研究院陶孟和（当时已成为中国科学院副院长）的建议，决心回到经济研究所。这位老院长虽然来自旧社会，但他对新中国急需新型的社科研究人才是非常了解的。早在1951年3月他便在《光明日报》上发表《中国社会科学工作者的任务》呼吁："提倡用科学的历史观点，研究和解释历史、经济、政治、文化及国际事务，奖励优秀的社会科学工作者……在今日，我们整个上层建筑领域都要予以清除和调查，新的制度要建立，无数的关于历史、经济、政治、文化及国际关系的问题亟待解决的时候，中国社会科学工作者在他的岗位上实在负有重要而光荣的任务。"老院长急需刘国光这样有着新型知识结构的人回到经济研究所工作的迫切心情，是很容易理解的。当年与刘国光一起搞南京市经济调查工作的巫宝三（当时任经济研究所副所长）也建议他回到经济研究所工作。当时的经济研究所所长是从 30 年代起便从事经济研究工作的老党员狄超白，为人是极好的。刘国光接受众多好心人的建议，于 1955 年 7 月，又回到了经济研究所来工作。

这时，我国国民经济刚刚经过了三年恢复时期，开始步入全面建设的新阶段。从 1953 年起，我国开始了第一个五年计划。由于在我国这个半殖民地半封建社会基础上建立社会主义经济是史无前例的，因之许多方面都要借鉴苏联的经验，我们邀请过来帮助我们建设的苏联专家来京人数实在不少。十分凑巧得很，刘国光到经济研究所之后，他接受的第一项工作任务，便是协助苏联专家毕尔曼工作。应当说，这算是他的好运气。那时，正赶上国家急需加强企业财务的计划管理——普遍建立流动资金定额管理制度。为此，国家专门从苏联聘请来一位资金定额管理专家毕尔曼博士，而这位博士正好在刘国光留学的那所莫斯科国立经济学院里教过书。这位专家虽然年轻，但非常精明干练，用俄国人惯用的称赞语来说，是"一个具有锐利的智慧和善良心肠的人"。他是被作为国务院邀请的客人来中国工作的（完成任务之后，周恩来总理亲自出席为他举行的送别宴会）。当时，国家把具体协助和帮助这位苏联专家工作的任务落实给科学院经济研究所，而经济研究所又把此项工作落实到刘国光的身上，因为他无论从哪个方面来说，都更具有做好这项工作的条件。他熟悉专家本人，俄语熟练，熟知苏联国民经济的历史和现实状况，而自己的副博士论文也把定额管理作为一个重要方向。就像他在论文中说的那样："制定物资平衡表和确定国民经济对物质资源的需求的最主要先决条件之一，是合理地制定物质资源的消耗定额。""作为联结方式，定额是制定国民经济比例的重要参考系数之一；而作为消耗尺度，定额则成为经济社会劳动节约的主要杠杆之一。"[①]同时,又因为建立资金定额管理制度是属于企业财务方面的事,于是经济研究所的领导特地任命他为财政金融组的代理组长。

当时我国企业的资金管理大多数还延续着革命战争时期的供给制办法——吃大锅饭。从实物到资金,缺多少供应多少,普遍实行"财务轧差"制度(即收入和支出之间轧出一个差额,其差额全部由国家财政和银行包下来),根本谈不到什么定额不定额,就像苏联在新经济政策以前那样。这可能是社会主义革命与建设的发展必经阶段。

这是刘国光为发展我国国民经济第一次效力。老实说,这项工作的分量可不轻。首先,他要使苏联专家了解我国企业正在运行的资金管理情况,然后专家才能有针对性地提出改进措施,拟订出切实可行的资金定额管理办法。为此,他须将百十余家主要工矿企业的基本情况整理出来,然后缩写成简本,翻译成俄文,供给苏联专家参阅。工作是相当烦琐和细密的。此外,他还要陪同专家实地考察,召开各种各样的汇报会、座谈会与研究会。

工矿企业资金定额管理制度的普遍建立,对于我国企业朝着深化与巩固经济核算制的方向大大跨进了一步。在向前跨越的这一大步的努力中,刘国光有着不可否认的贡献。

在这一阶段里,他也发表了一系列经济理论文章。像《关于苏联国民经济平衡表的理论基础和编制方法的一些问题》、《苏联经济学界对社会主义社会中固定资产的无形损耗问题的重新认识》、《苏联关于劳动生产率指标(分子方面)计算方法论问题的讨论》和《苏联经济学界对短期信贷问题的

---

① 刘国光:《刘国光文集》,第一卷,8页,中国社会科学出版社,2006。

不同看法》等,大都发表在我国经济学界最权威的刊物《经济研究》(相当于苏联的《经济问题》、英国的《经济学人》)上面。从文章的题目上就可以看出,当时他还着重于介绍苏联的经济运行机制和管理体系、管理方法,总结和探索苏联经济建设的成功经验,以便有效地运用与普遍地推行于我国刚刚起步的社会主义经济建设之中。

顺便提一句,刘国光的这一系列文章,由于他认为以介绍苏联经济学界研究动态为主,少有自己独立的学术观点,因而多用"柳谷岗"的笔名发表。

□2.新所长上任以来

1957年底,经济研究所来了一位新所长。

孙冶方在经济学界名气很大,是一位1925年就入了党的老一代职业革命家。早在30年代,他就与著名经济学家陈翰笙、薛暮桥等创办进步刊物《中国农村》,对于阐明我党新民主主义革命性质等做出了很大的贡献。解放后,他长期从事经济建设的实际工作,先后担任过华东财经委员会委员兼重工业处处长、华东人民政府工业部副部长、上海财经学院院长、国家统计局副局长等职务,特别强调与重视理论密切联系实际。他认为,一切科学研究都必须走理论与实践相结合的这条道路,而经济科学尤其是如此。因为任何正确的、有科学价值的经济理论观点,都必然是从现实的经济生活中提炼出来的;反过来说,任何经济理论观点都必须经过实际生活的考验,才能检验出它的合理程度和实用性、有效性。因此,一走进经济研究所的大门,他就抱着改进我国经济科学研究方法方式的决心，试着为它拓开一条理论密切结合实际的全新之路。上任之后，他立即向中央写了一份关于经济研究所应该划归中国科学院、国家计委、国家经委、国家统计局四个单位领导的请示。由于他的观点鲜明，立论恰当，立刻得到中央有关部门的重视和首肯。中央经过仔细研究后决定，将经济研究所划归中国科学院和国家计委双重领导，在提供资料和出席会议方面，经委和统计局也要给予便利条件。这就在组织领导和规章制度上确保了经济研究所新的科研途径，使它有了充分的条件和理由直接面向我国社会主义经济建设的实际。

他不仅拨正了经济研究所的研究方向，而且他本人也身先士卒，带头热身于密切联系经济建设实际的研究之中。但意想不到的是，这直接面向社会主义经济建设实际的研究方向，却给经济研究所，特别是给他本人带来了重大的不幸。这是因为，经济是紧密地与政治联系着的，直接地面向社会主义经济建设的实际，就是直接地面向当时特别强调的阶级斗争要天天讲、月月讲、年年讲的政治实际。而他的过于认真（准确一点来说，过于较真）、过于讲求实事求是的研究方法，便不知不觉地，或者说不可避免地触犯了天天讲、月月讲、年年讲的政治实际，最终将他自己推上受到全面批斗围剿的祭坛，使经济研究所也随之成为四清的重点单位，株连到所里许多跟着孙冶方研究路线走的同志。这其中，刘国光是跟着走得最远、受到批判最重的一个。

孙冶方是一位很有远见卓识的经济学家。早在50年代后期，当人们还在为那些耀眼的数字而沉浸在胜利的喜悦中时，当我们这座社会主义计划经济的机器刚刚运转的时候，他就以潜心经济理论研究和长期从事经济管理实际工作双重经历所产生的敏锐视听,察觉到那机器运转中存在着的一些不灵活、不平衡、不谐调的声音,并不断地寻求与探索改进(那时候,还无人想到"改革"一词)的方案。在这许多不谐调的噪音之中,最主要的就是不计较价值,无顾价值规律的作用。1958年人们狂热地大炼钢铁时,生产出了那么多的废品次品,消耗掉那么多的宝贵资源,他便向人们问:"你们这样做了为了什么?"有人说:"我们是社会主义国家,追求的是使用价值,而不是价值,只要有了钢,亏损或赢利都无关紧要。"

赢利,真的是无关紧要吗? 没有赢利,生产怎么扩大? 社会怎么进步? 人民生活怎么改善? 应当说,这是 1 + 1 = 2 的最简单问题,但是由于苏联 30 年代颇为流行的自然经济论的影响,由于我们跟随其后长期突出实物产量(特别是在大讲"以钢为纲"的年代里),将其作为国家经济实力和企业生产效益的最主要标志和考核指标,许多人都只看产量、不看价值,甚至害怕讲价值、讲利润,就像迷信的人怕鬼那样厉害。当时有一顶压人挺厉害的帽子,就是"利润挂帅",因为它是与当时叫得最响亮的口号"政治挂帅"相对立的。突出政治是一切,哪能容得双峰并峙,把"利润挂帅"也混迹于其间呢? 但是孙冶方不迷信,他也不怕"利润挂帅"这个鬼。非但不害怕,他还大胆地提出要把利润指标作为带动其他指标一同向前进的牛鼻子。他说,我们只要牵动牛鼻子,企业的躯体和四条腿就都跟着一起向前走了。这是他在当国家统计局副局长时就已经提出来了的,当时他前后写出了《把计划和统计放在价值规律的基础上》和《从"总产值"谈起》等一系列文章。

来到经济研究所之后,密切结合实际的深研结果,使他越来越感到价值和价值规律对于社会主义经济建设的重要,那些只讲使用价值、不讲价值和像怕鬼似的害怕"利润挂帅"的思想,不就是自然经济论的流毒所造成的误区吗?他们把价值和价值规律都当成资本主义的东西,认为它与社会主义是不相容,或者说是不甚相容的。因此,自建国到60年代初,有关价值规律的文章已经刊出有上千篇,但都炫惑其词,"许多经济学者头脑中的价值和价值规律的概念仍然是很混乱的。而这种混乱使得一般人心中目早已经让资本主义自发势力的'鬼'同'价值'和'价值规律'这些概念结下了不解之缘。"①那些年,我们在政治上还提出"要不怕鬼",科学院文学研究所还专门编辑了一本《不怕鬼的故事》,但是在经济方面,在经济学领域里,"价值"、"价值规律"这个鬼还一直是很吓人的。只有孙冶方不怕鬼,不迷信自然经济论的余毒,他经过了长期深入细致研究,最后终于大胆地提出:"千规律,万规律,价值规律第一条","价值规律是第一个经济规律,甚至可以说这是程度很高的规律","这规律像一条红线把经济学上一切问题贯联起来。"②

他的这一价值论观点的提出,是对社会主义经济理论的重大突破,也是他的一项永远不可磨灭的贡献,它为日后经济体制改革过程中认识不断深化直至提出社会主义商品经济和市场经济铺设下了第一块垫基石。《资本论》译者之一、厦门大学校长王亚南曾经对此作过十分恰当的比喻。他说,如果说价值规律是个大学校的话,孙冶方就是这个大学校的校长。

① 《孙冶方全集·论价值》第二卷,187页,山西经济出版社,1998。
② 《孙冶方全集·论价值》第二卷,156页,175—228页,山西经济出版社,1998。

但是，他的这个理论突破太超前了，特别是在那阶级斗争要天天讲、月月讲、年年讲的年代里。因为他把价值规律这条红线与基本路线那条红线并列起来，因此很容易便被人钻空子，被人加以利用而进行迫害。1964 年 10 月，康生、陈伯达等人便利用毛主席在"四清"动员会上提出"国家有三分之一的权力不拿在我们手里"的机会，派出浩大的"四清工作队"进驻经济研究所，夺下了孙冶方在所里的一切党政财文大权，将他作为中国的利别尔曼、经济学界头号修正主义分子进行了将近一年的批斗，最后下放到周口店乡里劳动改造。

刘国光这一段时间是一直把孙冶方当作老师、当作"价值规律这个大学校里的最好的校长"，沿着他的思路，循着他所指导的方向开展经济学理论的探讨与钻研的。从某种意义上来说，孙冶方与刘国光在对社会主义经济的研究方法上，更准确地来说，在研究的切入点上，是相当接近或相同的。两人都从计算与统计国民经济的各项指标着手来研究社会主义经济的运转过程，研究社会主义经济的管理体系和机制。他们都是把计划与统计部门的实际工作作为自己研究工作的出发点的。

刘国光与孙冶方在经济研究的方法与思路上如此接近，在切入点上如此一致，这让孙冶方很快认识到刘国光这个年轻人在学术研究上是很有潜力的。鉴于刘国光对苏联的经济情况和经济学界的情况很熟悉，孙冶方一来到经济研究所，甚至在还未正式来所之前，便开始紧紧地抓住他，让他做许多沟通与筹备中苏两国经济学界互学互访和互相交流经验方面的工作。例如，国家统计局准备于 1957 年末邀请苏联统计专家索波里来华作"国民经济平衡问题"的系列讲座时,他便任命刘国光来担任此次讲座的编辑翻译组的负责人,像上次负责毕尔曼的翻译接待工作那样。许多事实表明,他对这个年轻的经济学家表示了充分的信任。正式调到经济研究所之后,在 1958 年末访问苏联、捷克斯洛伐克等国并参加社会主义国家经济研究所学术协作会议时,孙冶方都携带刘国光一路同行,归来后让他整理访问苏联等国的报告资料。

孙冶方正式到所工作之后,立即任命刘国光为经济研究所的学术秘书,负责国内的经济学研究事宜,另一个学术秘书罗元铮(冯玉祥的女婿,也是留苏的经济学副博士)则负责国外的经济学研究动向与互相交流事宜。在此期间,刘国光做了大量的学术秘书应当做的事情,在介绍国内外理论界学术研究动态、对最新出现的重要理论观点进行评介、策划所内外经济研究的重大选题、协调国内研究力量和选题方向等等方面都做得很出色,起到了很好的助手作用。

在这些工作中,我们首先应当说说的是 1957 年末至 1958 年初索波里来华讲学的事。苏联的这位统计学专家、著名经济学者在中国作了长达两个多月的讲学,对于已经开始活跃了的中国经济学界影响很大,而对于主持这次邀请的孙冶方本人来说,意义则更为深远。甚至可以这样说,正是受到索波里的启发,孙冶方最后才形成了他那独特的关于价值规律的理念。正因如此,后来有人批判孙冶方的"修正主义"观点时,才挖苦他为"孙索马"。这个"索"指的就是索波里,"马"指的是苏联另一位思想开放的经济学家马雷舍夫。这就像西南联大时期有人讽刺进步教授吴晗为"吴晗诺夫"、闻一多为"闻一多夫"一样。孙冶方对此一点儿也不回避。刘国光在索波里这次访华讲学中一直担任翻译工作，负责编辑整理他的讲稿，最后写成《弗·阿·索波里对社会主义制度下商品生产和价值规律问题的一些看法》。这份翔实的学术报告在经济学界内外引起了普遍的重视，后来这篇文章收入1958年科学出版社出版的《苏联经济学界关于社会主义制度下商品生产和价值规律问题的论文选集》一书中。

索波里这次来华讲学所谈的问题很多，刘国光之所以单独将报告中的商品生产和价值规律抽出来独立成篇，是因为他觉得这个问题极为重要，既是社会主义经济学的核心，也是当时学术界最为敏感、争论最为激烈的一个问题。将这部分内容整理出来公开发表，对活跃我国经济学界的学术氛围、加深人们对于社会主义制度下商品生产和价值规律的认识，都是大有益处的。

孙冶方在国家统计局当副局长时负责农业经济、劳动经济与国民经济综合平衡三个方面的统计工作。他深知综合平衡工作对于国民经济的顺畅和谐发展具有何等重要的意义，所以，他一来到经济研究所便筹划在工经、农经、世经、财金等组之外再建立一个综合平衡组，即后来的宏观经济研究室，由国家统计局调来的杨坚白担任组长，刘国光和董辅礽任副组长。

☐ 3．第一次"井喷"

这一年，刘国光35岁，正是人到中年的时候。中年是人生的黄金季节、收获季节、出成果的季节。印度大诗人、诺贝尔文学奖获得者泰戈尔说过："一个人的青春时期一过，就会出现像秋天一样的优美的成熟时期。这时,生命的果实就像熟了的稻子似的,在美丽、平静的气氛中等待收获。"[1]科学的统计与分析也证明,情况正是如此。曾经有人对于古今中外名人成才的年龄段做过比较详细的统计,结论是:出成果的高峰值是 37 岁。还有人对世界诺贝尔奖获得者的年龄做过统计,说从 1901 年到 1979 年,世界上获得物理、化学和医药卫生等方面诺贝尔奖者共计 301 人,其中在 35—45 岁这一年龄段的为 118 人,约占得主总人数的 40%。怪不得有人把这个年龄段称作为出成果的最佳年龄段。从道理上讲,一般来说,人在 35 岁之前还基本处在知识积累阶段(当然,也并不排除为数不少的早熟者),而在进入 35—45 岁这个阶段,知识基本积累起来,经验丰富起来,体力和精力又正当年富力强之时,如无其他因素干扰,一个人才华的展现、作用的发挥,正是在这个最佳年龄段里。

1964 年,刘国光与经济研究所的杨坚白(左一)等同志到厦门大学经济系讲学。

现在,刘国光正步入这个最佳年龄段,在由 1958 年到 1964 年这五六年的时间里,特别是在 1961 年国家提出要对国民经济实行"调整、巩固、充实、提高"的八字方针以后,他于短短的两三年时间,结合他的研究方向——国民经济综合平衡,并就国民经济发展速度与如

----

① 泰戈尔:《法官》。

何保持扩大再生产中的两大部类与其他各种比例关系的综合平衡问题,连续不断地推出了许多重头文章和专著,对于我国经济的发展有着不可忽视的现实意义,引起了各方面的普遍关注与好评。许多人都发现,经济学界亮起了一颗新星。当时有许多人感到惊奇,特地跑到他的跟前问他:"你是用什么方法搞研究的? 为什么会在短期内出这么多成果?"而更多的人则是一口称赞,说他的研究成果产出速度与力度相当于井喷。后来,竟有人将他的这段成果高产期称作"第一次井喷",这是相对于他在改革开放后第二个高产期即"第二次井喷"而言的。

在这次井喷中,刘国光推出的论文和专著很多。在高潮时期,《经济研究》杂志上几乎每隔几个月甚至一月接着一月地连续推出他的重量级大块文章。这些文章涉及的范围很广,诸如国民经济综合平衡问题、扩大再生产问题、固定资产更新与折旧问题等,但是最核心的问题是发展速度问题。他大谈综合平衡问题、扩大再生产问题,大谈固定资产折旧和农业内部生产资料优先增长等问题,都是为着解决一个发展速度问题。

当时的客观形势是:经过了 1958—1960 年的三年"大跃进",在盲目追求高速度的指导思想下,国民经济受到了严重的损害与挫折。人们痛定思痛,已开始坐下来冷静地思考盲目跃进的原因和后果,都在认真地总结经验教训,寻找补救的措施和改进的方向。在这次普遍的深思与反省过程中,速度问题始终居于头等地位与核心地位。这是因为"大跃进"也好,总路线也好,大炼钢铁也好,亩久产千斤粮食也好,人们那样热火朝天、意气风发地所追求的、讲究的、拼搏的、大干苦干的目标,人们拼死拼活所追求的目的,不就是一个高速度吗? 可结果怎么样了呢? 高速度欺骗了我们。就像我们苦苦地追逐一个恋人，或者用时髦一点的话来说，苦苦地追求一个梦中的情人，而恋人那方面只回头给了一个朦胧的微笑，此后便不见踪影了。为什么她会这样捉摸不定、冷酷无情呢？我们盲目地追求高速度，结果高速度并没有给我们带来什么好处，倒是造成了国民经济比例关系的严重失调，实际生产效益大幅度滑坡。非但如此，加上自然灾害的影响，全国人民遭受了忍饥挨饿的"三年困难时期"。

许多人不能不心怀疑虑地问：速度是什么？它为什么会欺骗我们？高速度是什么样的一个美女，值得我们那样不顾一切地苦苦追求？到底是高速度好，还是低速度好？

正是为了回答这些问题，刘国光才写了这许多文章。有趣的是，他也是采用高速度的方式来写作的，《经济研究》第一期发表了一篇，第二期又接续地发。他作为一个经济学人，感到在这个特殊的历史时期有责任、也有义务从经济学的原理上来回答这些问题，他下决心要把这个看似简单而实际上又很复杂的问题说清楚。

他说："社会再生产的发展速度，取决于许多复杂的因素，其中包括生产力的因素、生产关系的因素和上层建筑的因素。社会生产的发展速度，是由政治的、经济的和技术的全部条件所决定的。可是，并不是所有的这些因素，都能够直接地决定生产发展的速度。间接的因素，要通过直接因素的作用，才能够对再生产的发展速度，发生影响。"[1]

他又说："社会产品的生产规模和增长速度，首先直接取决于一定生产方式下面在一时期中投入生产过程的社会活

---

[1] 刘国光：《刘国光文集》，第一卷，238—239 页，中国社会科学出版社，2006。

劳动的数量和质量,也就是取决于劳动消耗量和劳动生产率的变化。""社会生产是由许多相互联系、相互制约的生产部门所组成的有机统一整体,社会劳动(包括活劳动和物化劳动)在不同生产部门之间的不同分配比例,又影响着社会生产的总发展速度。"①

接着,他便用大量的篇幅来阐述这些比例关系。他首先依据经典著作所阐发的原理,科学论证出在国民经济中客观存在着各种互相制约的比例关系,例如第一部类与第二部类的比例关系、工业与农业的比例关系、重工业与轻工业的比例关系、基建部门与生产部门之间的比例关系、积累基金与消费基金之间的比例关系、积累基金在不同生产单位之间的分配比例、提供固定基金物质要素的部门同提供流动基金物质要素的部门之间、原材料生产部门与加工部门之间、重点部门与一般部门之间的比例关系等等。

这些比例关系之中,有些是人们所熟知的、经常议论到的,有些是人们不太熟悉、常被人们所忽略掉的。于是,他详细地分析与揭示了这些比例关系的性质,详细地论证了这些比例关系之间的相互依存及其相互制约的程度。一般来说,比例的前项,即第一部类、重工业、基建部门等,如果加大投入从而提高了它的比重,便会在当期和短期内提高经济发展速度,但比例的后项,即第二部类、轻工业、农副业生产部门等等,又紧紧地制约着前项。它可以使前者不能不顾后者随意地提高,相互之间必须保持着一个客观依存的适当的比例

---

① 刘国光:《刘国光文集》,第一卷,239 页,中国社会科学出版社,2006。

关系。"这些联系和制约关系,影响着社会生产的总发展速度。"[①]他在说明这种制约性质与制约程度的客观性时,打破了传统的单纯依靠逻辑推理的抽象叙述方法,而是创造性地建立了一系列的数学模型,并运用一些假定的数据进行演算,就像马克思在《资本论》第二卷中分析再生产过程时运用许多假定数据进行演算一样,力图把质的分析和量的分析结合起来,把抽象方法的运用和经济运动过程的具体分析方法有机地结合起来,把人们惯用的定性分析与西方经济学界常用的定量分析结合起来,从而把这种制约的性质和制约的程度变得更为清晰明朗,使其清楚无误地展现在人们的面前,让人们不仅能够认识到,而且能够感觉到,从而更能引起各方面的重视,促进人们更自觉地"根据各个时期政治经济形势和任务所决定的社会需要的结构,根据当时生产力和技术发展的状况,选择和安排恰当的再生产比例,以达到适当的、较高的发展速度。"[②]同时,他也让人们充分地认识到:"如何根据不同时期各种条件因素的具体情况,在计划的安排中对发展速度规定最恰当的变化幅度,避免人为地大起大伏,以保证从长期平均来看的国民经济发展的最高可能的速度,这是一个具有十分重要的理论意义和实践意义的问题,也是一个十分复杂的问题。"[③]这里的黑圆点(重点符号)是刘国光画的,可见其一番良苦用心在于引起人们的格外重视。

可以肯定地说,刘国光在这一次"井喷"中所做的贡献是各方面的,而最为突出的是在扩大再生产方面。他以马克思

---

①② 刘国光:《刘国光文集》,第一卷,266 页,中国社会科学出版社,2006。

③ 刘国光:《刘国光文集》,第一卷,291 页,中国社会科学出版社,2006。

主义的基本理论为依据,科学地理清与界定了简单再生产与扩大再生产的关系、外延扩大再生产与内涵扩大再生产的关系、生产资料优先增长原理在国民经济计划安排中的适用范围等等,概括来说,即如何正确地理解与运用马克思关于扩大再生产理论,准确无误地用以指导社会主义条件下的国民经济顺畅和谐、持续稳健发展的问题。当然,他在廓清简单再生产与扩大再生产的关系、外延扩大再生产与内涵扩大再生产等概念的本身,包括这些概念本身的外延与内涵等方面,即孙冶方特别强调的"抠概念"的方面,确也有其许多独到之处。在当时学术界的论争中,这起到了独树一帜、旗帜鲜明的作用,也引起了国内外经济学界的普遍重视。

也有的人说,刘国光在这次"井喷"中对于固定资产折旧问题的研究也很深入独到,不仅有所创见,而且起到了拓荒的作用。他们认为:"他在这方面发表了若干重要论文,就其广度和深度来说,标志着我国经济科学在这一领域达到了一个新的高度,也可以说填补了一项空白。他称得起从客观经济和综合平衡角度研究固定资产再生产的拓荒者。"①

实际情况也正是如此。他在探讨社会扩大再生产问题后笔锋一转,在短短时间内又连续发表了《试论固定资产无形损耗的补偿和折旧的关系》、《折旧基金与扩大再生产的关系》等五篇重头文章,不论是在数量上和质量上,在问题的广度上和深度上,在我国经济学界的学术论坛上都是一个重大的突破。

他依据马克思主义关于扩大再生产的原理,特别是马克思曾经明确指出过的固定资产折旧基金不仅用做补偿简单

---

① 田江海:《刘国光传略》,见《中国当代经济学家传略》,401 页,辽宁人民出版社,1990。

再生产所需资金的来源,而且可以作为扩大再生产资金的来源的理论(可惜得很,这一基本论点很少被人们所注意),详细地论述了折旧基金在扩大再生产中的作用。不仅如此,他还更进一步地运用许多虚拟数字进行演算,并通过这些演算推导出一系列的数学模型与函数关系,系统地论证了这些模型与函数关系的科学性及其在各种社会制度下的不同性质与作用。毫无疑问,这些分析既具有很高的学术价值,也具有很现实的使用价值。应当说,这些结论式的提法固然有时代局限性,但是这些数学模型、考核指标、函数关系的确立与计算过程,至今还是有其现实意义的,因为它计算所求得的值,都是为着如何求得最佳的比例关系和达到最高的效应。

这里特别需要提出的是,刘国光在依据马克思关于扩大再生产原理来阐述发展速度时,创建了一系列的数学模型。这些数学模型受到国内外众多经济学家、特别是西方经济学家的重视,他们把它称之为"刘国光经济增长理论"。在英国、日本、印度、东欧等国有人专门研究刘国光的再生产理论思想,突出这些经济增长的模型,把它视作为经济学的一大创建而不断地加以重新表述,并画出了许多图表。

我们前面已经讲过,刘国光为了讲清楚发展速度要决定于社会能够投入的活劳动和物化劳动的总量及其在不同生产部门之间的分配比例,创造性地建立了一系列的数学模型,当时的主要目的,是给人以清晰可见的量化观念。其主要的模型有两个,即:

$$P = K/f \tag{1}$$

$$t = P_1/P_0 = (K_1/K_0) \times (f_0/f_1)$$
$$= ((K_0 + \Delta K)/K_0) \times (f_0/f_1) \tag{2}$$

其中 t 为社会产品增长速度，P 为社会产品产出规模，P_0 为基期产出规模，P_1 为当期产出规模，K 为生产基金规模，K_0 为基期生产基金，K_1 为当期生产基金，ΔK 为生产基金积累量，f 为生产基金利用效果或单位产出占用生产基金的数量，f_0 为基期单位产出占用生产基金的数量，f_1 为当期单位产出占用生产基金的数量。

公式（1）是刘国光经济增长理论中社会产出的基本表达形式，这一公式在表现形式上类似于 20 世纪 70 年代卢卡斯等经济学家提出的内生经济增长理论的基本公式 $Y = AK$（Y 为产出，A 为技术进步因子，K 为社会总资本，是产业资本与人力资本的总和），但含义上有较大区别。由于受当时社会环境和意识形态的限制，刘国光仅将 P 限制在物质生产部门的产出，而非全社会产出。$1/f$ 仅是物质生产部门单位资本（生产基金）的产出水平，或技术进步因子；K 为物质生产部门的总资本或生产基金（因其假定劳动力与生产基金完全结合，在此也可视为物质生产部门产业资本和人力资本的总和）。

公式（2）是在公式（1）的基础上推导出来的，形式上类似于哈罗德—多马经济增长理论的基本表达方式 $G = S/V$，其基本含义也是类似的：哈罗德—多马模型的基本含义是经济增长取决于社会储蓄与单位资本的产出水平，刘国光基本模型的含义是经济增长速度当为资本积累（生产基金积累）增长率与单位资本产出水平（单位生产基金产出水平）增长率的乘积。

尽管社会产出的基本表达公式和增长速度公式受到诸多限制，使得这一基本模型的适用范围局限在物质生产领域，而非整个国民经济，但这一基本模型的思想是完全可以

运用于整个经济增长的。刘国光从这两个公式出发,推导出一系列与现实经济增长密切相关的重要结论:

(1)经济增长速度取决于资本积累和单位资本产出水平的提高。积累越大,经济增长速度越高;单位资本产出水平越高,经济增长速度也越高。

(2)生产基金的积累水平取决于国民收入在社会产品中的比重、积累在国民收入中的比重和生产性积累在全部积累基金中的比重等三个方面的因素。

(3)单位生产基金的产出水平取决于经济结构的变化和技术进步。

后来,刘国光在此基础上,又将经济增长基本模型拓展为:

$$t = t_n \times t_h = t_k \times t_i \tag{3}$$

其中 t 为社会生产发展速度, t_n 为劳动量增长速度, t_h 为劳动生产率提高速度, t_k 为生产基金增长速度, t_i 为生产基金利用效果的提高速度。

如此等等,公式的推导越演越细,越演越深,越演越具有更大的现实意义。因为学术性太强,我们不能再继续深化下去(特别是没有具体地表示出速度比例的约束,消费与积累比例关系的约束),但为了清朗爽目起见,我们只好采取作家徐迟写作《哥德巴赫猜想》的方法,提到了一些公式(就其主要的而言),也省略了一系列的公式,中心目的是引起读者的兴趣,而又节省读者的时间。总之,这一经济增长理论的基本模型随着时间的推移,越来越受到国内外经济学家们的普遍重视,这是当时人们——包括他自己在内——连想也没想到的。

20世纪60年代初,铁人王进喜在开发大庆油田过程中所创造的第一次井喷是惊天动地、令人敬佩不已的;刘国光虽然不敢说是个铁人,但他所创建的科学研究上的"井喷"也是轰轰烈烈的,也可以说是带有铁人式精神的。他们之间的唯一差别就是:一个是不断地向地下深层钻探,一个是不断地向经济理论深层钻探。二者不好比拟,笔者不过是随便做个比拟而已,不求有什么特殊的含义。

第六章　经济学家的罪与罚

□ ***1 . 围绕在《教科书》第三版上**

在刘国光第一次"井喷"的前后,经济学界发生了一件重大的事情——苏联《政治经济学教科书·社会主义部分》第三版出版了。

这一本书的出版怎么就成了经济学界一件重大的事情呢? 原来,毛主席自感 1958 年"大跃进"受到了一定挫折之后,便下定决心要认真研究一下经济问题,好好地总结一下我国经济建设的经验。恰好这个时候,苏联《政治经济学教科书》第三版出版了,于是他便携带此书还有其他一些经济学著作,寻找到了一个僻静的地方专心致志地研读起来。不仅如此,他还下了通知,号召全党都要以这本书作为基本教材开展一个学习运动。应当说,这既是对苏联几十年的社会主义革命与建设经验的总结,又是人们对于社会主义经济建设过程中一些规律性问题的认识进行理论上的概括与提升,对于刚刚起步进行社会主义经济建设的中国,无疑有着很重要的参考作用。毛主席很看重这本书,不仅仔细地阅读,而且作了大量的眉批与夹注,还写出了人们都很熟悉的《价值规律是个伟大的学校》的读书心得。他还在批注上说,如果将书中的"我国"改为"中国"来看,就会感到更密切。刘少奇同志也对此书给予了很高的评价,但他说:"《教科书》是一本好书,但有缺点。苏联的同志往往根据自己的经验去看别的国家的经验,这一点我们应当警惕。把自己的经验看做是普遍真理,把别人的经验看做是特殊情况,这样的看法是很片面的。"①他还邀来许多著名经济学家同他伴读与座谈,当时还在担任经济研究所长的孙冶方自然也被列入到应邀之列。座谈中少奇同志发表了许多精辟独到的见解,同时也虚心地听取在座各位经济学家的意见,对于后来形成的"调整、巩固、充实、提高"八字方针,起到了很大的作用。

应当说,这场全党的读书学习活动,是一场很好的运动。认真地读书,认真地思考,会使我们更加坚信理念,更加清醒和理智地面对现实,调整好前行的航标和路线,更坚强,同时也是更坚定地走向和走进我们奋力争取的结果和目的。

苏联的《政治经济学教科书》(以下简称《教科书》)第三版是1958年年初公开发行的,当时作为中国科学院经济研究所学术秘书的刘国光在所长孙冶方的指导下,立时感到这一著作的重要性,马上集中精力,经过反复推敲与对比,于1958年10月写出《苏联〈政治经济学教科书〉第3版的重要修改与补充》的文章。毫无疑问,这对于1959年全党以《教科书》第三版为基本教材的学习运动有着多么大的参考价值,它让人们对于苏联思想界在社会主义经济建设经验的认识深化过程有一个全面的了解,它可以使人们像少奇同志所说的那样,警惕"把自己的经验看做是普遍真理,把别人的经

---

① 薛暮桥:《薛暮桥回忆录》,263 页,天津人民出版社,1996。

验看做是特殊情况"的片面性。

刘国光对这一工作是非常认真仔细的,不仅逐段逐句地对照了第二版与第三版的译本,而且详细地对照了原文,然后将两个版本在结构上、表述方法上的差异都详详细细地列举出来。他在文章中指出,在第三版中改动最多的地方是关于商品生产和价值规律的论述,可见,这个问题当时是中国经济学界乃至于整个社会主义国家的意识形态都普遍关注的一个重大问题。在苏联的情况是如此,在其他社会主义国家里情况也是如此。在由第一版发展到第二版这短短的几年时间里,苏联报刊上和各种经济学教材中,乃至于在各个经济研究机构的内部学术报告中,无不广泛地议论到这个敏感的问题。因此,苏联经济研究所在修订教科书第三版时,不能不重视与吸纳这方面的各种意见和最新的研究成果。

从总的趋势上来看,人们从这个一向被禁锢得很严厉的领地向外突破的努力是越来越强,向外跨出的步子也越来越大。从基调上来谈,虽然大多数人仍然认为社会主义制度下商品生产的必要性是由两种所有制,即国家所有制与集体农庄所有制的存在所决定的,但在第三版中紧接着又指出,它的存在还因有社会分工发展的需要。在全民所有制内部流通的生产资料,过去普遍地认为实质上不是商品,而现在则认为也是商品。其理由是:第一,国民经济是个整体,两种所有制之间的商品交换关系也必然要影响到全民所有制内部的交换,而生产资料最终的生产目的是消费品,消费品则必定要以商品与货币形式转移出去;第二,全民所有制企业中职工的劳动成果也与物质关系相联系着的,即与我们今天所说的个人物质利益相联系着的,而这种个人的物质利益,即其按劳分配的所得,最终总是,而且也只能是通过商品与货币关系来实现。

《教科书》中对价值规律的表述改动得更为显著。在前两版中,说到价值规律的作用主要是从限制方面着眼,(虽然也谈到了有可以利用的一面);而现在则改为主要是从利用方面着眼。前两版根本没谈价值规律的作用究竟是什么,而第三版中则明确地指出:"价值规律的要求是在社会必要劳动消耗的基础上来进行商品的生产和实现。"[1]在前两版中,谈价值规律的作用仅限于商品(特别是消费品)的流通领域,而在生产领域则说只有一定的影响作用,这次的修订本中则说:"价值规律既在生产领域也在流通领域表现其作用。"[2]

正由于《教科书》第三版对于社会主义经济建设中最关键的问题,即价值规律作用的问题在认识上有如此重大的进展,毛泽东同志在仔细阅读了此书之后,才写下《价值规律是伟大的学校》。

□ 2. 两位经济研究所长的对话

《教科书》第三版的发行,对于孙冶方的价值理论的形成与完善,无疑在许多方面起着推进的作用,而起决定性作用的还是毛主席在阅读后所写的《价值规律是伟大的学校》一文。刘少奇同志在阅读座谈中的讲话,如"经济学研究应当重视流通问题","不但全民所有制经济之间需要等价交换,

---

① 刘国光:《刘国光文集》,第一卷,174—175 页,中国社会科学出版社,2006。

② 同上。

全民所有制企业之间，重工业和轻工业之间，各个地区之间也要等价交换"等等，也对孙冶方价值理论的形成产生重大影响。除此之外，对于孙冶方价值理论的形成起着重大影响作用的，还有他本人在 1958 年底至 1959 年初偕同刘国光等到苏联、捷克等地的参观、座谈、访问。回国后，刘国光在孙冶方的指导下将访问的成果整理出一份《孙冶方访问苏联科学院经济研究所报告资料》发表出来，对中国经济学界也产生了重大影响。

从刘国光所写的《孙冶方访问苏联科学院经济研究所报告资料》中可以很明显地看出，孙冶方在苏联、捷克两个多月的访谈中，最引起他兴趣的、交谈得最多的对象，是加托夫斯基。他们两人的地位相当，都是经济研究所的代理所长，因此谈起来思想比较容易放得开，意见交换得也比较深入透彻。这些访谈进一步理清、完善了他的价值理论，或者是从反作用的角度来看，更坚定了他原来便持有的不同于苏联学者们的价值观念。

访谈中，加托夫斯基首先介绍了苏联经济学界在前一段时间里对于商品生产和价值规律作用不够重视，认为这主要是由于过去若干年来，特别是战后很长一段时间里，商品货币关系未能得到充分的发展，反而遭到人为的阻碍。人们普遍认为，国营企业之间相互流通的生产资料不是商品，整个重工业系统的经济核算和管理体制都与商品货币无关。在农业上实行的是赋税制度，即农产品国家采购制度，国家与农民之间实行的是不等价交换，有许多人甚至认为，在城乡之间商品关系不是在扩大，而是在缩小，说实物关系在任何条件下都高于商品关系。现在，这些问题逐渐地理清楚了，大家普遍地认识到商品货币关系的作用，知道不仅在数量上而且在质量上，都要有个很大的发展，要尽量地提高价值范畴的意义和作用，要使价值范畴内的价格、成本、盈利、经济核算等能够成为真正的经济杠杆，在经济管理上逐渐用物质鼓励方法代替行政方法，在基建投资的分配上，也要把盈利当做主要指标来考虑。

这些看法正符合孙冶方的思维逻辑，孙冶方听了自然十分欣悦，但是加托夫斯基最终的结论却让孙冶方愕然。加托夫斯基说，苏联目前之所以要大力发展商品货币关系，正是积极地创造条件，要使这些关系在将来逐渐消亡。条件一旦成熟，不仅商品货币不复存在，一切与价值有关的东西，诸如价格、成本、利润、物质鼓励、经济核算等等，都将不复存在。孙冶方听了不禁打断他的话，插问说："你所谈的经济核算，指的是广义的范畴，还是狭义的范畴？到了共产主义社会，与商品、货币关系相关联的经济核算可能消失，而广义的、即合理的经营管理意义上的经济核算，亦即与社会必要劳动的核算有关的，与先进企业同落后企业的比较有关的经济核算，是不是仍将存在呢？"

孙冶方的问话使加托夫斯基受到了触动，打乱了他自认为条条是道的思维逻辑，他自认为发展商品最终是为了创造条件消灭商品的结论，被对方轻轻一点就打乱了阵脚。稍微冷静一下之后，他只得另找出路为自己的立论自圆其说："我同意你的意见，您说的广义的经济核算就是在共产主义社会也存在。不过，那时候的经济核算将直接以劳动时间来进行，而不是间接地借助于价值。到了共产主义，将借助于电子计算机等最新技术进行核算，社会完全可以直接地计算出有多少消费需要和付出多少劳动消耗，这一切都是直接以劳动时间，比如以小时为单位来进行计算等等，而货币与其他一切价值形态，当然也包括价值规律在内,都将不复存在了。"

他虽然已把阵脚收缩,做了一次退一步的严密布防,但仍然显出了漏洞,孙冶方不由得跟进一步说:"您说的可以直接计算的社会劳动消耗,当然不是指具体劳动吧?具体劳动是不好相加与相比的。可不可以说,到时候仍然要用不同于具体劳动的抽象劳动来计算呢?"

这一下子他的阵脚全被打乱了,他不得不以己之矛攻己之盾,在逻辑上显得十分混乱地说:"社会劳动在共产主义仍将存在,那些认为在将来只有具体劳动的经济学家是不正确的。但是,也不能说仍将存在抽象劳动,因为按照习惯来说,抽象劳动是同价值、商品、货币有关的。所以我们不能说在共产主义社会仍有抽象劳动。不过,按实质来说,我们通常所说的社会劳动,也就是抽象劳动,即价值的实体。不过……"到底将来的社会有没有抽象劳动?他摇摆不定了,一会儿说有,一会儿说没有。

孙冶方于此进一步明确自己的观点说:"我们是不是可以这样说,同商品、货币、价值规律有关联的经济核算在目前是非常必要的,也急需进一步大力发展,但从长远的发展趋势来看,它们将是逐步消亡的。但是我们应该更强调一下经济核算的广义,即合理经营管理意义的经济核算,它将长期地、永远地,即使到了共产主义社会仍将存在。"

往来几次的思辨逻辑上的交锋——当然不只是思辨逻辑上,更重要的是在认识的深度和广度上的差距,使加托夫斯基不得不败下阵来,心悦诚服地说:"这是一个很有价值的意见,我很感谢你提醒我这一点。苏联经济学者往往忽视了这一方面,即忽视了从广义上、从远景上来理解价值、经济核算等范畴。在向共产主义过渡的过程中,从广义上从远景上来理解经济核算等概念和范畴,是应该逐渐加以强调的。"①

这正如几位西方哲人所经常谈论到的那样:创造性的思想,只能是在几个有创造性材质的人十分激烈,十分机智的争辩中才能产生;智慧的火花,也只能是在饱含着智慧的燧石互相激烈地对击与冲撞中产生。

□ 3.价值理论上的初射之光

于是,一个闪光的创造性思想——孙冶方价值理论产生了。它是在与国内外众多理论家、思想家广泛切磋砥砺、折冲激扬的过程中,特别是与苏联许多有真知灼见的经济学家多年来广泛的访谈、座谈、交谈过程中,逐渐地完善与形成的。于是,他就在访苏回来后,写出来洋洋数万言,写成了应该说在我国关于社会主义商品与市场经济认识的里程碑上一个带有标志性的起跑点的文章《价值论》。

孙冶方的价值理论的核心点是价值规律的双重性:一是与商品、货币相关联的价值规律在社会主义社会里仍然起着重大作用,而且仍需要不断加强它的作用,但是到了共产主义随着商品、货币的消亡它也消亡了;而另一层意义上的价值规律,也是他的思想核心,他所最终要特别强调的,即社会平均劳动量的计划与核算的规律。而社会平均劳动的计算,即他在与加托夫斯基交谈中逼问得对方节节后退的"抽象劳动"的计算,"不论在共产主义社会的最高阶段或是初级阶段,这个规律将始终存在着而且作用着,所不同的只是作用

---

① 刘国光:《刘国光文集》,第一卷,208 页,中国社会科学出版社,2006。

的方式而已,只是这规律体现自己的方式而已。"①

这一理论上的突破,是使人们从普遍地认为社会主义和共产主义都是自然经济或产品经济(越到共产主义阶段,自然经济成分越高)的误区里破门而出的第一步,虽然它跨越的步子仍很窄小,但世上最难能可贵的是初次的突破。正如古希腊唯物主义哲学家赫拉克利特所说:"初射之中最亮。"这难能可贵的初射之光,这难能可贵的第一次突破,既已打开了闸门,虽然是一道小小的缝儿,便已起到了婴儿第一次哭声的作用,立即引起一片震惊、一片哗然。催更的黎明鸟的第一声啼鸣,即使声音还很小很小,但已使半个世纪以来的理论误区的夜的秩序产生了颤动。当时,经济学界是一片惊奇与诧异,人们决然想象不到竟然有人会大喊"价值规律万岁",虽然他所说的价值规律并不是人们通常理解的那个与商品、货币相关联的价值规律,但是人们还是觉得怪诞不已,无不把其倡议者看成是一个大大的离经叛道者,而那些别有用心的人正好抓住了这个机会,借此而将他一步步地推上批斗围剿的祭坛上,使孙冶方成为第一个为发展社会主义商品经济的牺牲者,从而遭受到无穷无尽的打击与迫害。

这正像《老子》说的"祸兮,福之所倚;福兮,祸之所伏"一样,天底下任何事情都有阴阳不同的对立两面,刘国光作为孙冶方同苏联经济学家多次访谈、座谈与讲学讲座的陪同者、参与者和得力助手,作为孙冶方最终完善了他的价值理论体系的跟随者,毫无疑问,在批斗孙冶方时也不可避免地受到株连,受到批判,受到审查,受到种种不公正的待遇。但是,也正因为有着这样一番陪同与跟随,孙冶方在发展社会

① 孙冶方:《孙冶方文集》,第二卷,27 页,山西经济出版社,1998。

主义商品经济上所迈出的这一步，也大大地启发与推进了他在 1979 年科学的春天刚刚到来之际，便首先与人合作写出论文《论社会主义经济中计划与市场的关系》，成为我国第一个提出要在社会主义中国建立买方市场的人，在理论上更是自觉地从自然经济论束缚中向着商品、市场经济跨进了又一大步，从而受到了党和国家领导人的高度重视。

刘国光跟随孙冶方而遭受株连之罪还不仅仅是因为《价值论》这一件事，有另一件惹祸的根苗——那就是编写《社会主义经济论》教科书的事。

说起编写《社会主义经济论》，其起因多少也与刘国光整理学习辅导材料中的那本苏联《政治经济学教科书·社会主义部分》有关。因为人们在学习的过程中，普遍地发现这部教科书虽然是一本好书，在总结苏联社会主义经济建设成功与失误的经验教训上有许多很好的论述，但在叙述上却缺乏应有的逻辑。孙冶方自从来到经济研究所之后，具体地说，自从他的价值理论完善成熟之后，便下决心要编写一部中国的社会主义部分政治经济学教科书来，姑且先定名为《社会主义经济论》；而且，他已找到贯穿这部教科书的主线。这条主线不是别的，就是他呕尽心血所钻研的价值规律。他说："过去我们大家都感觉到，在现有的社会主义政治经济学教科书中，缺乏内在的联系，缺乏一条贯穿各个章节的红线；但是大家都说不出，这一条红线应该是什么。""这条红线就是矛盾的规律"，即是"反映着价值和使用价值的矛盾"，换句话说，就是价值规律，"这规律像一条红线把经济学上一切问题串联起来。"①

---

① 孙冶方：《孙冶方全集》，第二卷，156 页，山西经济出版社，1998。

　　于是他便组织人力，广泛地动员社会力量，成立了中心编写小组，并把编写小组拉到高级党校里去住宿，专心致志地编写此书的试稿。刘国光便是这个中心编写小组的成员之一，此外还有董辅礽、孙尚清、何建章、桂世镛、赵效民等人。后来在批斗孙冶方的时候，这些人都被拉上台去陪斗，被说成是孙冶方的"八大金刚"。该书的试稿中，刘国光负责撰写两章：一是社会主义经济发展速度的决定因素，一是社会主义经济发展的波浪式。各章试稿写出后，孙冶方称赞刘国光的《发展速度的决定因素》是其中写得最好的一章。

　　《社会主义经济论》仅因一句以价值规律作为红线贯穿于经济学上的一切问题的话，就足够上纲上线了，这是因为，当时党的决议上已经提出，要把阶级斗争天天讲、月月讲、年年讲作为社会主义基本路线，用它来作为纲领提挈一切，用它来作为红线贯穿一切。既如此，岂容得又有人用价值规律作红线来与它相对立、来唱对台戏呢？虽然你会解释说，这是另一个范畴、另一个领域里的事，与以阶级斗争为纲的红线是两码子事，此一红线与彼一红线是风马牛各不相及的，但是很少有人去关心和关照那些理论上的诠释。既然在哲学上不允许用"合二而一"来补充"一分为二"，在社会主义革命与建设中，又岂能容得有两条红线呢？所以，康生、陈伯达一伙才气势汹汹地痛下围剿之令，说："小小的一个经济所长，竟敢鼓吹利润挂帅！"围剿之中，既然是以《社会主义经济论》为重点，那么，参加到中心编写小组里的刘国光自然也就在劫者难逃，被列入到重点审查的"辛格勒黑名单"之中了。

　　在经济所里经过了十个多月的审查与批斗之后，他们全部被拉到周口店乡里去。孙冶方交给当地贫下中农监督劳动，刘国光、孙尚清、何建章等黑路线中的骨干分子被定名为

"审查对象"，虽然允许他们参加"四清"工作，但时时刻刻要接受审查。劳动不到一年，"文化大革命"开始，孙冶方被从农村里揪了回来，日复一日地进行着文斗加武斗的批判。在这些批斗会上，刘国光也作为受孙冶方重用的黑帮分子被拉到审判台上，作为陪斗者，一站就是半天，一日接连一日。批斗之余，他被勒令下到厨房里去砸煤块，烧锅炉，或者是蹬三轮车去买菜。据说，这可以摧毁他们那孤高傲视的人格和反动学术权威的威风。

这种摧毁人格和煞灭权威威风的劳动干了大半年之后，他们又被集中到学部里进行集体学习，最后全部到河南五七干校里在更为艰苦的环境里去继续接受审查。虽然在下干校之前，中央落实干部政策，他已经得到解放，但像他这样的黑帮骨干分子，在劳动中接受审查还是免不了的。1973年周总理下令，让社会科学学部的人全部由干校返京，至此，刘国光等作为孙冶方追随者所受到的或重或轻、或是戴帽或是摘帽的在劳动中接收改造的罪与罚，才算得到解除。

第七章　三进经济研究所

□ 1. 对各国经济体制改革的考察

　　"文革"后期,邓小平恢复职务复出理政后,为了设法整顿已遭严重破坏的国民经济,在其诸多有力举措中,设立计委经济研究所便是不可忽视的一项。他下令任命的这位研究所长是我国的著名经济学家于光远同志。他是一位学识极其渊博、思想极其活跃的学者,不仅是在经济学领域,而且旁及哲学、历史学、社会学、物理学等各个方面,是一个多才多艺的能手,一个多学科的万能博士,而他在经济学方面尤为精深。当年,人们曾经戏称

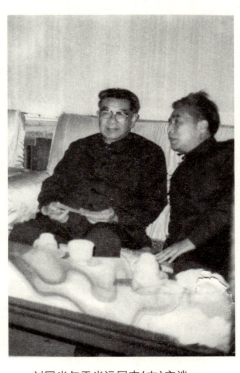

刘国光与于光远同志(左)交谈

于光远、薛暮桥、孙冶方、许涤新为经济学的"四大名旦"。

于光远同志既是位出色的理论家,又是位出色的组织家。他一到计委经济研究所,便大刀阔斧地开辟局面,扩大阵容。首先,他将经济学界两个巨擘薛暮桥、许涤新请进去,接着,又将科学院经济研究所里的几个骨干——当年被称作为孙冶方的"八大金刚"的刘国光、孙尚清、桂世镛、董辅礽、何建章等人都借调过去,从而使因"四清"与"文革"而中断了十年的经济研究工作得以逐步地恢复起来。

他们的工作,首先便是从开展调查研究、总结经验、寻求改革改进经济运行机制方面开始。为此,刘国光多次参加由国家计委副主任陈光带领的考察团到华东数省市,以及由袁宝华带领的考察团到中南数省市去调研考察。后来,他们又出国到罗马尼亚、南斯拉夫等国去考察访问。

1976年10月一声惊雷,神州大地又得到了新生,全国人民满怀豪情,如火如荼地掀起揭批祸国殃民的"四人帮"的斗争。经济研究所的研究人员责无旁贷,率先起来揭批那些以极左面目来修正篡改马列主义、实则是要将我国社会主义经济推向必将全面崩溃的死胡同里的人,他们认为不肃清这些人的余毒,中国的经济便难以复兴。为此,刘国光积极参加计委大批判组,写出了一系列揭批"四人帮"罪行的"大批判书",他的一些文章先后地发表在《红旗》与《光明日报》上。

在这拨乱反正、正本清源的过程中,他也不断地对我国以苏联模式而建立起来的计划经济体制进行了深层次的反思。越是深究,越是感到刚刚从"自然经济论"误区里走出来的苏联经济体制,从总的基调上来看还是把商品、货币看作是异物而加以审慎地利用,尽力地想通过指令性计划而绕开市场和价值规律来调控社会经济的运转。他通过"文革"前后几次到罗马尼亚、南斯拉夫、保加利亚乃至苏联等国的考察访问,已经清楚地看到东欧国家大胆探索社会主义建设道路,以及他们想要突破苏联过分集中化的经济模式的努力。综合国内外的这些经济状况,经济体制改革的意识日趋由朦胧而走向清晰,由自在而走向自觉。他将自己的这些认识,都集中地体现到他所写的《南、罗、匈、苏经济管理改革的比较研究》等一系列的文章与报告中。

他在文章中指出,到了 20 世纪 60 年代后期,东欧各国,也包括苏联在内,都出现了不可阻挡的强烈的改革趋势。这种改革,在这些国家里,有其相同之处,也有着许多不同之处。于是,他就发展商品经济、扩大企业权力、实行企业联合、加大中层管理权限、实行物质关怀、扩大工人管理权力、下放外贸权限等方面,详尽地对比了南、罗、匈、苏四国在这些领域里所采取的改革措施,以及他们所迈出的大小不同的步伐。通过这样多方位、多层次的对比,使人们比较清楚地看出,不同的改革力度,有着不同的经济效果。

他的这些文章(还有报告)是国内较早将各国经济体制进行比较式分析与研究的学术文章。他采用比较的方法进行分析研究,而这种比较法较之于类比法更为科学,更能接近于事物的本质。比较,可以鉴别;比较,可以择优。

他在那一系列对于苏联东欧各国经济体制改革的分析中,考证出社会主义国家的经济体制,按其由集权到分权的发展演进过程,大体上划分为四种类型:第一种以 30 年代到 50 年代苏联实行的传统体制为代表,第二种以罗马尼亚现行经济体制为代表,第三种以匈牙利现行体制为代表,第四种以南斯拉夫现行体制为代表。对这四种类型的社会主义经济体制的优劣,他就其特征、特点、所发挥的作用与其产生的经济效果，作了全面的比较分析，最后得出结论说：

第一种类型是高度的中央集权的体制。在这种体制下，国家计划管理得很宽很细，既管产品品种，又管完成生产任务的手段，如投资、工资基金总额、物资技术供应等。在这里，市场完全是消极的，它仅仅有时被利用来作为实现计划的工具，计划外的市场交易很少。

第二种类型是中央集权与经济组织的一定程度的自主权相结合。在这种体制下，国家计划的指令性指标有所减少，不再下达给下级单位详细具体的生产任务，品种指标只涉及到一些最重要的产品，而价值指标的范围则相应地扩大了。在这里，合同的意义增强了，但所有的经济活动基本上仍是由计划规定的，合同具有加强计划的性质，因此市场是计划的补充。

第三种类型是中央计划与程度较大的企业自主权相结合。在这种体制下，国家计划只管那些有战略意义的事情，指令性指标上基本取消了，国家只规定具有全国意义的投资项目、有关进行新产品生产的特别重要任务、工资基金的建

1982年，刘国光与国家计委经济研究所的柳随年（右一）、郑力（中）去苏联东欧等国考察经济体制改革，于列宁格勒彼得大帝雕像前留影。

立规则等等。在这里，市场成为计划的十分重要的补充，同时，市场活动在很大程度上有意识地通过计划来调节。在价

格形成方面出现了更大的自由，经济组织之间的合同作用大大增强了。政府主要是用经济手段来管理经济，行政手段只作为经济手段的补充。

第四种类型是中央计划与经济组织二者的最大限度自主权的互相结合。在这种体制下，国家计划没有指令性，只有参考性。市场和计划共同起调节作用，有时市场起着主导作用，有时是国家的宏观调控起主导作用。价格形成中的自由权很大。国家仅仅保留一定的监督职能，通过财政信贷手段实行某些控制。

考察、分析、鉴别与选择之后，他认定："在扩大企业自主权、利用市场机制和经济办法等方面，仍以南斯拉夫走得最远，匈牙利次之，罗马尼亚又次之。"①

在西方，自 20 世纪 60 年代起，逐渐兴起了一门新的独立学科——比较经济体制学。创建这门经济学一个新的分支的代表人物，是美国加州大学的库普曼与蒙台斯教授，此外还有赫威茨与纽伯格等人，他们完全抛开按"主义"或按社会制度来作划分与作比较地研究社会经济现象的传统方法，而完全是从经济管理与运作机制的角度来进行对比分析，从而发现各个国家的不同经济体制的优与劣，以求得"最优经济体制的选择"。这种独立学科，这种把各种不同性质的经济体制用经济的方法进行比较式分析研究的学科，我国经济学界在 70 年代末 80 年代初，几乎还是一片空白。刘国光于 1979 年初发表的这许多篇文章，无异于在古潭里投下了一块石头，激起了强烈的震荡。后来，我国有不少的经济学家投身于这一新兴独立经济学科的创建，成立了中国比较经济学

---

① 刘国光：《刘国光文集》，第二卷，407 页，中国社会科学出版社，2006。

研究会,出版了专门的《经济社会体制比较》杂志,也出版了一些适用于我国经济体制改革实际的学术文章和专著。

□ 2．他又返回原来阵地

1977 年,我国在原来的中国科学院哲学社会科学学部的基础上成立了中国社会科学院,而将其属下的经济研究所一分为四,经济所内原有的一些相关的研究组被单独划出来,成立了工业经济研究所、农业经济研究所与财贸经济研究所。新任的经济研究所所长为许涤新同志。

许涤新也是一位早在 20 世纪 20 年代就从事革命活动的职业革命家,是国内最有声望的经济学家之一。早在 30 年代,他便是"中国社会科学家联盟"(以下简称"社联")的党团书记。抗战期间,他到《新华日报》工作,周恩来同志指定他专门负责报纸的经济版工作和撰写经济方面的社论与评论。1945 年国共谈判时毛主席飞抵重庆,曾到《新华日报》看望,当有人向他介绍许涤新时,毛主席说:"不用介绍了,我早知道许涤新这个名字,是位经济学家嘛!"他长期从事党的地下工作,因之具有一双发现人才、识别人才的慧眼。闲谈中他曾对笔者说,当年作为社联的一个普通党员的艾思奇,就是他所发现的。当时,他发现艾思奇是个写文章的强手,便指定他暂时不必参加其他社会活动,集中精力写哲学方面的文章,后来果然写出了至今仍然脍炙人口的《大众哲学》。同样道理,他对刘国光也很赏识,早就发现这是一个经济学方面的难得人才。而今,正当科学的春天已经来临、党的中心已经由阶级斗争转移到经济建设上来的大好时光,党和国家正需要有一大批像刘国光这样的有眼光有学识的经济学家,如能把这样一批人才团结起来,组织起来,便可以集中精力来研究中国经济发展中的一些战略问题,集中所有的智慧和力量为党的中心工作出谋献策,使经济研究所真正起到智囊团的作用。于是,有一天他找到刘国光,对他说:"你还是回来吧!回到社科院经济研究所来工作吧!"就这样,刘国光于1979年从计委经济研究所(当时已兼任国家统计局副局长)调回到中国社会科学院经济研究所,担任了该所的副所长,并继续兼任他已于1978年冬便兼任了的《经济研究》杂志副主编职务。

1981年,刘国光随同许涤新所长(左四)出访英国,在沙士比亚故居前留影。

新所长许涤新对刘国光是十分器重的,自从将他回调到经济研究所,便让他组织所内外的力量,主攻当时国家经济建设最紧迫、最急需解决的课题"中国经济发展战略问题"的研究,让他负责马克思《资本论》第2卷中关于社会再生产原理在社会主义经济中的应用的研究,并负责编写干部学习的辅导材料。而许涤新本人多年前便曾经下大力气研究过这一方面的问题,他认真地学习了马克思的《资本论》,作了详细的读书笔记,又结合20世纪60年代初期我国国民经济实行"调整、巩固、充实、提高"的实际,写出了厚厚的一部专著《论我国的社会主义经济》。写出来之后,他总觉得是就事论事,缺乏理论高度。正当他为此而陷于困惑之际,忽然读到恩格斯论及"现代社会主义"问题时说过的一句话:"和任何新的学说一样,它必须首先从已有的思想材料出发,虽然它的根源深藏在经济的事实中。"①这句话大大地启发了他,既然经典作家提示要"首先从已有的思想材料出发",那么,这个已有的思想材料,哪一个能够超过马克思的《资本论》呢?于是,他进一步地钻研《资本论》,特别是其中的第二卷,在从"牛棚"里解放出来之后,直到就任经济研究所所长之前的大段时间里,他窗前灯下,呕心沥血,写出了四易其稿的《论社会主义的生产、流通与分配》的专著,该书配以《读〈资本论〉笔记》的副标题,于1979年5月出版。

正如古人所说:"书到用时方恨少,事非经过不知难。"他越是下大力气研究,越是感觉到这一问题的博大精深,感到它对于社会主义经济建设的重大意义,特别是党中央提出改革开放的大政方针之后,正需要对这一问题作更深一步的研究。为此,他早就注意到刘国光,早就读过了刘国光在60年代第一次"井喷"中根据马克思《资本论》原理写出的那一系

---

① 恩格斯:《马克思恩格斯选集》,第五卷,56页,人民出版社,1972。

列论述在扩大再生产过程中实现国民经济综合平衡的文章。他很看重刘国光在这一领域内作出的贡献,因此将刘国光调回经济研究所,支持他在这方面再作更大的努力。这位长者的宽阔胸怀,正如古人说的那样:"知人而善用之,若己有焉!"①在新所长如此大力的关怀与支持下,刘国光集中全部精力,充分调动他的才智慧聪,果然,不久就在马克思主义有关社会再生产的理论与实践等问题上实现了第二次"井喷"。此次喷发的高度和浓度、数量和质量,都远远地超过了60年代的第一次"井喷",这使新所长许涤新感到非常满意。

□ 3．第二次"井喷"

刘国光研究马克思主义关于社会再生产理论上的深入与突破是多方面的、多层次的,具有令人赞服的高度。马克思是在社会总资本的再生产过程中舍弃了现实生活中许多可能发生的不稳定因素,用纯抽象的方法来阐明与揭示这一运动的内在规律的,同时又是以社会化大生产已经高度发展的资本主义英国为典型而进行解析的,而像这样一个典型的客观环境,无论是刚刚建立社会主义制度的苏联,还是社会化大生产程度更低的中国,人们都是不很熟悉的。因此,对于马克思主义政治经济学这一部分,具体来说是对《资本论》的第二卷,人们的理解一直是不够深刻的,有些地方似懂非懂,乃至于错误的理解之处也时有发生。为此,刘国光在研究社会再生产理论在社会主义条件下如何更好地应用之前,

---

① 宋·苏辙:《历代论·汉光武上》。

先对马克思在《资本论》第二卷中所阐明的基本原理作了更为条理清晰、简明易懂的阐述，而且又进一步提纲挈领、简单扼要地指明了原著的关键与要害之处，以便从中高度地概括出社会再生产的普遍规律性即"社会总产品内部各个组成部分之间的交换"。

他在第二次"井喷"中的这些文章中首先明晰了《资本论》中关于社会再生产两个类型的划分，使人更清楚地明了简单再生产与扩大再生产之间、外延扩大再生产与内涵扩大再生产之间的关系，弄清它们各自的要义，从而可以更加正确地处理好两者之间的关系。划分，正是为了更好的结合；分清两种不同类型的社会再生产，就是帮助人们更好地安排与处理好两者之间的关系。人们不难记起，正是由于这些文章，在当时社会上，特别是在各经济部门里工作的人们，会经常地提及内涵扩大再生产一词，并把它作为一个努力争取的方向摆到工作日程上来。刘国光在文章中说，现有企业的挖潜、革新、改造，"往往是内涵的扩大再生产"，"比较起来，现有企业的更新改造是一个花钱少、建设快、收效大的办法。"[1]当时，这个思想已被人们自觉地运用到工作中来。记得当时人民银行特别地强调"技改贷款"，对于企业发放的技术革新贷款实行种种优惠的政策。

而刘国光文章的最重要贡献，还在于他能够通过周密细致的研究与分析，揭穿与打破了多年来对于经典作家原著的误解和由此而造成的理论上的百年误区。这方面值得着重提出的，就是生产资料总是比消费资料优先增长的问题。过去人们总是认为马克思在《资本论》里早已阐明了这个道理，

---

① 刘国光：《刘国光文集》，第二卷，186 页，中国社会科学出版社，2006。

因而社会主义经济建设中必须遵循这一客观规律,在苏联的《社会主义政治经济学教科书》(也包括那个受到人们普遍重视的《政治经济学教科书》第三版在内)上,就是这么明文写着的,中国的经济界对此也是深信不疑。刘国光第一次在这里拨雾指迷,指出实际情况根本不是像人们所传说的那样,马克思在《资本论》里并没有提出生产资料总是要优先增长的原理。马克思只是在讲到外延扩大再生产时举了两个发端不一的例子。第一个例子发端时,两大部类的比例是6000:3000,即2:1;五年之后两者的比例是9662:4686,即2.05:1。第二个例子发端时,两大部类的比例是7000:2000,即3.5:1,三年之后两者的比例是8960:2600,即3.42:1。从发展的结局来看,两个例子的最终结局,也不都是生产资料的增长最快。第一例是从2:1发展到2.05:1,是生产资料略快一些;而第二例子却相反,是生产资料由3.5:1下降为3.42:1,反而是消费资料增长快一些。刘国光在文章中又详细地将两个例子中两大部类逐年增长的绝对数字与增长速度列出了一个表格进行对照,人们从对照表格中立刻便可以发现:第一例是生产资料年增长率为10%,快于第二部类的年增长率6.7%;第二例中却是倒过来,消费资料年增长率为10.8%,而生产资料只增长8.8%,是消费资料绝对快于生产资料增长。在以后的各年里,两大部类的增长速度都是互有高低,根本没有什么生产资料总是优先增长的客观规律。刘国光从而得出结论说:"事实上,马克思在论述社会总资本的再生产和流通时,既没有提出,也没有讨论两大部类的增长谁快谁慢的问题。"①

---

① 刘国光:《刘国光文集》,第二卷,201页,中国社会科学出版社,2006。

同样，在消费问题上，过去人们也有许多误解：一是不了解在第一部类内部的各个生产部门之间的生产资料的流通问题，以为煤矿向电厂提供煤炭、钢铁厂向机械厂提供钢铁，似乎完全排除和完全不依赖于个人消费。这是人们片面地，或者是断章取义地理解马克思原话的结果。马克思说："这种流通就它从来不会加入个人消费来说，首先不以个人消费为转移，但是它最终要受个人消费的限制。"①人们只断章取义地用了前半句，而完全丢掉了还要受"个人消费的限制"的后半句。刘国光指出：这种片面的理解是非常有害的，"没有个人消费，消费资料生产部门的循环和周转就会发生困难，为生产消费资料提供生产资料的生产部门的再生产，也将难以继续进行，这样连锁下去，第一部类内部的流通也将受到阻滞，社会再生产就无法进行。"②

二是轻视消费在社会再生产过程中的地位与作用，忘记了马克思所提出的一个很重要的观点，即消费品"使产品最后完成"，人们必须明确"在观念上提出生产的对象，作为内心的意象、作为需要、作为动力和目的"，③否则便会只强调生产而忽视消费，只强调消费服从生产，而不知道生产服从于满足人民消费才是社会再生产的最终目的。还有的人把人民消费只当做劳动力的简单再生产的手段，认为只要满足劳动者的温饱，不使其身体瘦弱下去就行，只要能够满足其最低的"生存资料"就行，不必再考虑其"发展资料"与"享受资

---

① 马克思：《马克思恩格斯全集》，第二十五卷，341页，人民出版社，1972。

② 刘国光：《刘国光文集》，第二卷，214页，中国社会科学出版社，2006。

③ 马克思：《马克思恩格斯全集》，第二卷，95页，人民出版社，1972。

料"。他们总是强调"先治坡，后治窝"，有时连窝也不去治。刘国光指出这种错误的危害时，说："人民生活长期得不到改善，有些年份还下降了，严重地挫伤了人民群众的社会主义积极性。这不仅直接影响到社会主义扩大再生产的顺利进行，而且直接关系到社会主义制度本身的信誉。"[①]

刘国光在指出这种错误观点的片面性时又说："由于在经济建设上急于求成，好大喜功，往往把计划指标定得很高，资金、物资都留了一个很大的缺口，认为这才是所谓的积极平衡，才是马克思主义，否则就是消极平衡，就不是马克思主义。这恰恰是把事情弄反了。""这种计划图虚名而得实祸，到头来不但不能促进国民经济的发展，反而是拉了它的后腿，造成巨大损失或倒退。"[②]

还有一个问题，它是马克思论及社会再生产中的一个很重大的问题，同时，也是社会主义经济建设中十分关键的问题，那就是社会总产品在整个再生产过程中是怎么实现的？是用实物形态实现的，还是通过市场实现的？马克思曾经明确地指出，无论是就其物质形式（即划分为生产资料和消费资料），还是就其价值形式（即划分为不变资本、可变资本和额外价值），都是通过市场实现的。市场，是资本主义再生产各种矛盾暴露出来的焦点，因此，市场问题也成为资本主义再生产的核心问题。在资本主义社会，情况就是这样，也必然是这样。那么到了社会主义，已经实现了生产资料公有制的条件下，是不是还要通过市场来实现呢？这个问题，在《资本论》的著作中没有涉及，也没有作为一个问题提出来。后

---

① 刘国光：《刘国光文集》，第二卷，215 页，中国社会科学出版社，2006。
② 刘国光：《刘国光文集》，第二卷，223 页，中国社会科学出版社，2006。

来，马克思在《哥达纲领批判》中提及这个问题，恩格斯在《反杜林论》等著作中进一步明确表示，一旦社会占有了生产资料，商品生产就会消失，社会再生产的比例关系将由社会自觉地、有计划地按照社会需要分配劳动时间来安排，而不必市场与价值规律插手其间。①

对于这个问题，也就是在社会主义社会里还要不要通过市场来实现这些比例关系，刘国光说，马克思、恩格斯的"这些预言就是生产力高度发达的资本主义国家无产阶级夺取政权以后的情况来讲的。但是在实际上，社会主义革命取得胜利的一些国家，生产力发展的水平以及原来的生产关系，都比较落后。人们不考察这种情况，片面地理解经典作家的上述预言，并从此出发，把社会主义经济看成是一种自然经济，而不是商品经济；认为在这里，社会再生产的比例关系问题只是计划调节的问题，而不是市场实现的问题，把计划调节同市场机制对立起来，否定了市场机制在组织和调节社会主义经济的作用。"②对于这种片面性给我国经济建设所造成的危害，他通过现实中无数鲜明的事例加以说明："实践证明，离开了市场机制，一个统一的计划中心事实上无法精确而完全地反映社会对千百万种产品的千变万化的需要，按照这种计划生产出来的东西往往货不对路，一方面大量积压，另一方面社会需要的东西又供应不足。这就是说，相当一部分社会产品的价值补偿和实物替换都成了问题。"③

最后一个问题，就是对于经济危机的看法。根据马克思

---

①《马克思恩格斯选集》，第三卷，348 页，人民出版社，1972。

②③ 刘国光：《刘国光文集》，第二卷，226 页，中国社会科学出版社，2006。

对于社会再生产过程的分析,生产的快速增长和消费的有限范围之间的矛盾是经常性的,因此社会总产品的各种比例关系平衡的实现是有条件的,而通过市场实现过程更是复杂和激烈波动,因此他断定资本主义的经济危机是不可避免的。那么,在社会主义社会,是否还会出现经济危机呢? 许多人认为,社会主义生产条件已经彻底改变,不会再出现经济危机,至少不会出现像资本主义社会那样大幅度升降起落的经济危机。刘国光否定了这种看法,他说:"由于社会主义的社会再生产仍然需要通过商品流通和货币流通来进行,由于买和卖在时间上和空间上的彼此分离,由于货币运动的相对独立性及其与实物运动的分离,这里也蕴藏着社会再生产的平衡条件被破坏的可能性,也就是说,在社会主义的社会再生产中,仍然存在着发生危机的可能性。"[1]

不仅如此,他还通过我国经济建设中出现的实例,证明社会主义不仅会出现经济危机,而且由于我们实行的是中央集权的计划管理,出现的经济危机可能比资本主义的危机更为严重。他用资本主义世界最严重的一次经济危机,即1929—1933年的那次大危机,与我国1958年"大跃进"和"文化大革命"中的两次危机对比,证明资本主义1929—1933年的危机中产生的升降幅度是34%—42%之间,而我国在"大跃进"期间产生的升降幅度最高时竟达到93%,"文化大革命"期间产生的升降幅度也高达30%—50%,都远远超过了资本主义世界的经济危机。

他明确地指出了这一触目惊心的事实(这样大胆地作如

---

[1] 刘国光:《刘国光文集》,第二卷,232页,中国社会科学出版社,2006。

此的对比,在经济学界还是首次),对于我们清醒地认识客观现实,增强人们的忧患意识,实在是大有益处。不要以为我们有了社会主义制度的优越性,就什么问题都解决了,就可以从此而高枕无忧了。社会主义是人类历史上一种优越的制度,但不是就此而根除了忧患。忧患是客观存在的,只有重视它,自觉地遵循客观规律有意识地回避它,它才不会发生。所以说,忧患意识是社会主义建设中必不可少的一种意识。这正如孔子在《易经·系辞下》中所说:"君子安而不忘危,存而不忘亡,治而不忘乱,是以身安而国家可保也。"

研究所所长许涤新把这一切都看到眼里,萦系在心头,他知道这个经济学界难得的人才已经成熟了,到了足够单独地挑起大梁的时候了,而他与刘国光在英国访问期间,也有一个很深的感受,一直深藏在他的心头。根据英国研究中心的人士介绍,以及他亲自听到的一批年轻一代学者的报告,他觉得英国的学者年轻化步子走得较快,有许多五十岁以下乃至于四十岁以下的学者已相当成熟,成为很有名气的教授。就拿他们听到的三十多位报告人来说,四十到五十岁的人已占到三分之二以上。我国由于"文化大革命"的关系,人们几乎空度了十年时光,社会上出现了一个很大的空档,人才普遍老龄化。现在,是到了解决这个问题的时候了。于是,他便于1982年2月,亦即访问英国归来半年之后,主动提出从岗位上退离下来,同时向组织上推荐刘国光来接替自己的工作。

这正如古人说的:"骐骥长鸣,伯乐昭其能。"①"翔驰骑,千里姿,伯乐不举谁能知?"②

---

① 魏·曹植:《求自试表》。
② 南朝宋·谢惠连:《鞠歌行》。

第八章 两个南京人

□ 1. 一篇解放思想的标兵文章

恩格斯曾经说过:"一个民族想要站在科学的最高峰,就一刻也不能没有理论思维。"①

1978年5月11日,《光明日报》在头版显要位置上以本报评论员为名发表了南京大学教员胡福明同志写的一篇文章《实践是检验真理的唯一标准》,彻底地解开了政治思想上多年解不开的死结,为解放思想、破除迷信、冲破思想僵化和理论误区的禁锢枷锁,打开了一扇明亮的天窗。邓小平同志高度评价这一理论上的突破,他在十一届三中全会上所作的主题报告《解放思想,实事求是,团结一致向前看》的讲话中明确指出:"目前进行的关于实践是检验真理的唯一标准问题的讨论,实际上也是要不要解放思想的争论。大家认为进行这个争论很有必要,意义很大。"一年之后,另一个南京人、社科院经济研究所所长刘国光也与人合作写了一篇廓清迷

---

① 恩格斯:《自然辩证法》,见《马克思恩格斯选集》,第三卷,467页,人民出版社,1972。

经济学大家

刘国光传

雾、冲出误区、振聋发聩、勇于探索的好文章《论社会主义经济中计划与市场的关系》。这篇文章受到胡耀邦同志的高度重视,胡耀邦同志把它作为解放思想、勇于探讨改革之路的标杆文章,批示给广大理论工作者阅看,指出:"这是一篇研究新问题的理论文章,也是一篇标兵文章。在更多理论工作者还没有下最大决心,作最大努力转到这条轨道上的时候,我们必须大力提倡这种理论研究风气。"

刘国光这篇文章的重大现实意义,在于他依据严密的理论分析,指出过去传统观念的困扰与贻误,指出过去人们常把市场同自发性等同起来,把计划经济同自然经济混为一谈,从而把社会主义计划经济理解为对市场的一种简单的和绝对的否定。实际上,计划经济是同市场经济紧密相联的。同市场经济相对立的是自然经济,而不是计划经济;与计划经济相对立的,只能是自然经济和自发式的市场经济。[①] 这样,他就为我们充分地利用商品、货币关系来发展社会主义经济,充分地利用价值、价格、工资、利润、税收、信贷等经济杠杆,从理论上提供了充分的依据,划清了思想认识上的一些必要的界限,从而也为我们日后走向市场经济奠定了一块比较坚实的铺路石。

1979 年,刘国光写出标兵性文章《论社会主义经济中计划与市场的关系》。

---

① 刘国光:《刘国光文集》,第二卷,95 页,中国社会科学出版社,2006。

　　刘国光的这篇文章不同于以往。从前，虽然已经有人超前地提出要发展社会主义商品经济，大力强调价值规律的作用，甚至更有人超前地提出利用市场调节机制，但他们多是从经典著作中寻章摘句地抠名词抠概念，依据逻辑推理原则而引导出结论。刘国光的文章所走的不是一般性的逻辑推理的路子，更不是从概念出发再回到概念，也不是从哪部经典著作中寻找出某些章句作为立论的前提与根据，而是直接地从社会发展历史提出命题，完全是从解析人类社会发展的历史过程，从分析社会内部的深层结构，特别是经济关系上的深层结构，用现实中的和历史上的诸多事实，从事理本身引发出和论证出这一不容争辩、不可跨越的结论。

　　这是我们经济学界过去很少用的一种科学研究方法，是很值得着重提倡的一种方法。例如，他在解释为何社会主义社会存在商品、货币关系时，一开始就避开了早为人们熟知的、并已经几乎形成定论的斯大林定义，即社会主义存在着两种不同形式的公有制。他认为这种说法是不准确的。两种所有制所引起的商品交换，只能是个外因，而不是内因。一个事物的质的规定性，只能从内因里寻找。于是，他从社会经济关系的最深层结构，即社会再生产过程中人们的个别劳动是把它当做谋生手段才同社会所有的生产资料相结合的方面找到了内因。他认为，在社会主义阶段，人们的个别劳动还不能直接转化为社会劳动，因此而推导出结论说："社会主义全民所有制内部之所以还存在着商品和市场关系，是由社会主义阶段所特有的物质利益关系所决定的。"[①]

---

①　刘国光：《刘国光文集》，第二卷，95 页，中国社会科学出版社，2006。

再如,他在解释竞争机制并不是资本主义所特有的经济范畴,而是只要有商品生产与商品交换的地方,哪怕是还不很充分发达的地方,都有竞争时,他引用了无可争辩的历史事实来加以证明,说:"早在奴隶社会和封建社会,竞争就随着商品生产和商品交换的发展而出现了。封建社会的手工业行会制度,就有限制竞争的作用,如果没有竞争,也就谈不上对竞争的限制。"请广大读者们能够谅解,允许我用刘国光行文中常用的加黑圆点的方式加注于他的文章下面,以示其重要性。我不是想标注这句话有多么重要,而是想让人们看清楚他的这种历史推论方法是多么的机智、明确无误与无可争辩和令人信服。"如果没有竞争,也就谈不上对竞争的限制。"这样的立论,有谁能够与之争辩和推翻? 除非这个人完全不讲逻辑,不讲科学,独断专行,指鹿为马。

虽然他在这篇文章里还没有提出,实际上在当时的历史条件下也不可能提出要走向市场经济,但他已为走向市场经济,充分发挥市场机制,以达到合理有效的资源配置,提出了一系列关键性的步骤与措施。例如,他提出在确定企业的生产计划时,要以销定产、按产定供,而不是现在所通行的"以产定销";他提出不要离开市场需要和企业本身的具体情况,一律由上级下达指令性指标给企业规定生产任务,那样的结果只会使企业生产出来的产品不管有无销路,都由国营商业和物资机构统购统收下来,造成了大量的积压和浪费,等等。而且更为前卫的是,他能够破除陈腐愚见,大胆地引用竞争机制,十分明确地指出:"只要存在商品经济,就意味着有竞争。""竞争促进进步,垄断造成停滞和倒退";反之,"如果我们不允许竞争,做什么生意办什么事情都是只此一家别无分号,一切都统得死死的,那只能使商品的花色品种越来越少,质量越来越差,生产和流通中的浪费越来越大。"[1]

这些都是市场经济的前沿问题,都是走向市场经济的至关紧要的一步。他未曾提出要走向市场经济,但若把这些都做到了,都贯彻落实了,也便为市场经济的到来打开了大门。正由于这篇文章在创新立意和科学论述方法上有着如此重大的突破,因此它一提出,立即被全国几家重要报刊和内部理论刊物广泛转载,当中国代表团将它提交给 1979 年 5 月在奥地利召开的大西洋经济学年会上时,年会的执行主席 Helmont Shusten 和 Johu m. vitgo 在给胡乔木的电函中连声称赞,说该文在"学术上有重要意义",理所当然地受到了年会的"热烈欢迎",并且决定将全文同诺贝尔奖金获得者英国的詹姆士·E. 米德的论文一起,一字不动地全文发表在《大西洋经济评论》的 1979 年 12 月号上,而参加年会的其他论文只发一个提要。

□ 2．来之不易的买方市场

两个南京人的重大成就,都在于他们勇于解放思想,敢于破除传统观念,打破理论上的禁区和误区,不避风险,不怕打击,勇于探索,勇于追求,通于在通向真理的路上。迈出坚实的,常人不敢迈出的一步。这里不仅需要勇敢,不仅要勇敢地面对现实,而且还要深刻地认识现实,有比现实更强硬的创造性思想和理性思维。所以,刘国光在这被誉之为"标

---

① 刘国光:《刘国光文集》,第二卷,107—109 页,中国社会科学出版社,2006。

兵文章"之后,又不断地向商品和市场的深层领域探索前进,不断地破除一道道障碍之门,因为他兼有这二者——勇敢和理性。

当我国的经济制度改革推进到计划经济与市场调节相结合的阶段时,当许多人对于这个"结合"如何理解尚在意见纷纭的时候,刘国光又在1980年底及时地推出了《再论计划和市场关系的几个问题》一文。他在文章中独树一帜地指明,过去多年的争论总算把市场调节的地位明确了,认识到它不是与社会主义计划经济相对立的,互相排斥的,而是互相联系的;不仅是互相联系的,而且是不可或缺地联系着的,严密亲和地结合着的。我们现在是"明媒正娶"地把市场调节请过来的,让它以合法的身份走上我国经济生活的舞台。要看到,这一个大跨步是进展得很大的,其改革的力度是相当可观的。不要用今天的尺子来衡量过去的步子,刚刚开始松绑的人迈出的第一步即使是很小也是很艰难的,也是十分珍贵的。刘国光的可贵之处就在于,他这时便已明确地指明说:"市场调节不是权宜之计。"非但不是权宜之计,而且今后还要加大改革的步伐和力度,进一步加强市场调节的作用,进一步加强计划经济与市场调节的结合。而且,他在理论上首先破除了一个长期困扰人的误区,即社会主义经济也要建立起一个买方市场来。过去人们都认为,买方市场是资本主义特有现象,因为由于生产力过剩和劳动人民贫困化,资本主义长期处于供过于求状况,那里只有买方市场而无卖方市场,当其严重时便发生破坏性的经济危机。而社会主义没有这个现象,因为人民购买力总在不断地提高,物质生产速度常一时地跟不上,所以存在的只是卖方市场,而这种压力又是推动生产发展的永恒动力。斯大林就曾明确地指出过:

"在我们苏联这里,群众的消费(购买力)的增长总是超过生产的增长,推动生产向前发展;而相反地在资本家那里,群众的消费(购买力)的增长从来赶不上生产的增长,并且总是落后在生产后面,往往使生产陷入危机。"①

　　匈牙利著名经济学家雅诺斯·科尔奈还专门写了一部著作《短缺经济学》,他认为供不应求、市场物资长期短缺是社会主义无法解决的矛盾,书中还引证了苏联经济学家早在20世纪20年代就已下过的断言:"在商品资本主义经济中存在着普遍的松劲,而在无产阶级自然经济中则存在着普遍的短缺。"

　　好像社会主义命中注定便是求大于供的卖方市场,命中注定便是商品短缺,而凭票供应与排队现象便是天经地义的事,是社会主义的正常现象。如果走到哪里没有看到这种现象,便会怀疑他们是在搞修正主义,搞资本主义的虚假繁荣。

　　刘国光大胆地破除了人们的这种模糊意识与错误见解,他为了推进经济体制改革的步伐,有理有据地树立起"买方市场"的光辉形象,让买方市场名正言顺地扎根于社会主义土壤之中。后来,这个概念虽然越来越多地被人们所接受,并逐渐地运用到我们现实的经济生活中来,但正像任何新生事物刚出现时那样,也遭到了许多人的反对。其理由,无非又是将它与社会制度联系起来,批评他又把资本主义社会的东西搬运过来。为了把买方市场的概念和作用说得更清楚,为了把刚刚形成的买方市场的势头稳定下来,发展开来,他又于1983年9月写了《再论"买方市场"》,从概念到现实,从历史到未来,从社会主义与资本主义的对比分析,全面系统

----

　　① 斯大林:《斯大林全集》,第十二卷,282页,人民出版社,1979。

地论证了社会主义经济中,特别是在大力推进改革的条件下,买方市场存在的必要性。"我过去提出买方市场不单是一个商业问题,我现在还要强调这是国民经济综合平衡的一个战略问题,一个宏观决策的问题,一个走出一条新的发展路子的问题。"①

在过去,人们一讲到要发展,就是加大基本建设投资。而投资规模一搞大,就会引起市场物资的全面紧张,几乎成了一种恶性循环。刘国光说:"这种恶性循环不能让它再发生了,而要切实代之以新路子的良性循环。"②

买方市场,是为社会生产能够和谐稳健、有经济效益的发展、使人民能够得到实惠的一条新路子。

不能低估这一新的发展路子,不能低估刘国光这几篇一论再论买方市场的文章。人们不会忘记,在 80 年代以前几乎每个家庭主妇的手里都握有 70 余种票证、买东西要看售货员脸色的日子。那时,排队现象十分严重,只要不收票证,你供应什么他就买什么。用得着的买,用不着也买。人们看到街上有排队的就站到后边,也不管前面卖的什么东西。传说有一个老太太,见到街上有一条长龙队伍就排在后边,等到了跟前才知道,是出售刚刚出刊的《红旗》,气得老太太扭身就走了。餐馆里边是:"坐的坐,站的站;吃的吃,看的看"。最挤的时候,要等上两三桌才能吃上饭。那时候,根本没有消费者说话的地方,你说出话来也没人听,更谈不上什么消费者权利了!"消费者在市场上没有权利,生产者和供应者

---

① 刘国光:《刘国光文集》,第二卷,451 页,中国社会科学出版社,2006。

② 刘国光:《刘国光文集》,第二卷,432 页,中国社会科学出版社,2006。

是主宰,消费者只能听从生产者、供应者的意志。"①所以售货员的脸总是耷拉着的,见到顾客总是颐指气使、爱搭不理的。当时流传着一个政治笑话,说有个大队支书对村办小学教员说:"你好好地表现,将来我提拔你当供销社的售货员。"这也许根本不是一个笑话,而是一件实事。

人们也不会忘记20世纪80年代初期,逐渐减少了票证种类与数量后人们的轻松与喜悦。舞台上至今还在上演着郭达的小品《换大米》。那时候,城里人已经开始轻松地用多余的或者是完全用不着的粮票、布票与乡下人换鸡蛋、大米。电视上也开始了利用广告来推销商品的风气。"吃嘛嘛香"的蓝天六必治,一直叫得人们喜笑颜开。如果还是像过去那样,要凭工业券才能买到商品,还用得着厂家花钱去做广告吗?

买方市场,不仅能为人民生活,也为市场,为生产厂家,乃至于为国民经济的持续稳健发展带来一片和谐。和谐,是绝对与买方市场有关的!

□3.两个模式的转换

在改革开放政策推行的头几年,基本上还只是在某些领域、某些部门、某些地区、某些环节上作了些单项的改革,而协同的、配套的、成体系的改革不能说是没有,但是很少很少,更不要说有什么目标完整的体系了。这一方面是由于人们面临着一个新的历史转折时期,缺少应有的思想上和心理

---

① 刘国光:《刘国光文集》,第二卷,432页,中国社会科学出版社,2006。

上的准备;另一方面,也因为整个的经济环境正在进行着"八字方针"所确定的调整和整顿,正在努力地改变各项比例关系不协调、总需求大大超过总供给的过度紧张局面。这种紧张的经济环境,毫无疑问会给经济改革增加相当大的难度和阻力。

但到了1983年末和1984年初,改革开放在一些领域、部门、环节上已经取得了显著的成效,取得了突破性的进展,特别是农业上已经全面地确立下联产承包制,使农业生产,特别是粮食生产普遍取得增收的突破,这便为国民经济的全面改革铺平了道路,奠定了稳定的基础。这时,单项的、某些领域与环节上的改革已经不能适应形势发展的需要了,客观上要求我们要提出一个更为完整的、有总体目标的改革方案。

正如同恩格斯说的,"要思维就必须有思维规定(逻辑范畴)"①,同样道理,要行动,要改革也必须要有一个总体的目标。有了这个总体目标,就容易合理地,适时地规划出每个阶段、每个时期所要实施的改革方案和具体的步骤与措施。应当说,刘国光是我国经济学界内最早提出要建立经济改革的目标模式的人。他在1983年上半年的几次讲演中就提及到此事的发展脉络,说:"我们的改革才开始,经验不够,来不及搞总体规划。单项局部的改革也主要限于微观经济领域,还不是宏观经济。"②现在改革开放到了今天,"越来越多的中外经济学者在谈到我国经济体制改革时,都强调要有一个目标模式。大家认识到,必须制定出一个目标模式,才能综合

---

① 恩格斯:《自然辩证法》,172页,人民出版社,1955年。
② 刘国光:《刘国光文集》,第三卷,350页,中国社会科学出版社,2006。

地协调改革的步骤,向这一目标前进。"[1]

什么是目标模式呢? 就是勾画出一个经济改革的奋斗目标的总体轮廓。

开始的时候,人们都不大同意,特别是反对用"模式"这个术语。第一,他们都觉得模式好像是个贬义词,看起来不顺眼,说出来不中听。刘国光说:"其实,'模式'这个语词,就像'类型'、'形态'、'形式'等语词一样,它本身是中性的,既无贬义,也无褒义。"[2]刘国光在这里还没有提到,其实"类型"也好,"形态"也好,"形式"也好,在外文中就是一个词。另外,也还有些人觉得,模式好像是个造型的模具,就像我们生产月饼、饼干等点心的模子一样,是个固定不变的东西。而实际上根本不是那么回事,所谓"模式",它不过是一种研究和分析问题的工具,是一个理论的抽象,是对某一科学范畴的限定。而任何科学的范畴与概念都是发展的,它与那种木刻的模具根本不是一回事,哪有固定不变之理? 黑格尔在《逻辑学》中说得很清楚:"思维的范畴不是人的用具,而是自然界的和人的规律性的表现。"[3]

刘国光主张使用"社会主义经济体制模式"这个抽象,是什么含义呢? 他对此作了科学的界定说:"我们所说的社会主义经济体制的模式,并不直接等于某一个社会主义国家实际存在的经济制度本身,而是从具体的经济体制中,排除了细节的东西而得到的理论的抽象。这种理论的抽象包含对

---

①　刘国光:《刘国光文集》,第三卷,579 页,中国社会科学出版社,2006。

②　刘国光:《刘国光文集》,第三卷,580 页,中国社会科学出版社,2006。

③　列宁:《哲学笔记》,87 页,人民出版社,1956。

某一种经济体制的基本规定性的概括，它的基本框架，以及它的主要运行原则的总和。这种意义的模式反映了一种经济体制里面最重要最根本的东西。所以，在设计经济体制改革的总体规划和具体方案以前，对于改革的目标模式先行一步研究是很有用处的。"①

刘国光提出"经济模式"这一概念，想把它与经济体制里面的具体细节区别开来，还有其深一层的考虑，那就是我们今天所要进行的体制改革，不是对原有体制里面某些不完善不合理的细节进行修改补充，更重要的是要改造原有的经济模式本身，也就是说，要对原有体制的不合理的基本框架和主要运行原则加以改造。

在改革步步深入的过程中，在改革带动与促进经济建设朝着协调顺畅的方向发展并不时产生一些新的摩擦过程中，刘国光最先从理论概括角度上，提出了两个模式转换的问题，即经济体制模式与经济发展模式的双重转换问题。所谓经济体制模式的转换，即是从实物分配型的集中计划经济模式向有计划的商品经济模式的逐步转化；所谓经济发展模式的转换，即是从过去的以高速度增长为主要目标、外延型发展为主导方式和以重工业为中心的不平衡发展战略，逐步转向为在提高经济效益的前提下以满足人民需要为目标的适度增长，以内涵式发展为主导方式和合理配置资源的相对平衡发展的战略。

从党的十一届三中全会以来，我们所做的一切努力，都是为着实现这两种模式转换的。在现实生活中，这两种转换

① 刘国光：《刘国光文集》，第三卷，580 页，中国社会科学出版社，2006。

从总体上来说是互为条件、互相促进的，但在总的进程中也有着互相制约、互相影响、互相摩擦的一面。从互为条件、互相促进方面来说，减少高度集中的指令性指标，多发展计划指导下的商品交换，实行以国营经济为主体、多种经济成分共存的经济体制，必然会促进社会经济的发展朝着以效益为中心的发展模式转换。同样，发展模式的顺畅转换，创造出一个比较宽松的经济环境，即总供给略大于总需求的有限的买方市场，也必然会有力地促进体制改进的顺利进行。反过来说，在旧的经济体制内权力高度集中于国家行政机关，企业没有多大的经营自主权，缺乏积极主动性，在这种情况下，欲想实现以效益为中心经济运行机制，岂不是"欲渡黄河冰塞川、欲登太行雪暗山"，那是根本无法达到的。目标的发展模式要求由外延式的扩大再生产转换到以内涵式为主的扩大再生产，而传统的旧的体制模式内存在着不可遏制的数量扩张、投资饥渴等痼疾，又在支持着传统发展模式中追求高速度和外延型发展的行动。两种模式的发展有着相同性的方向。

但也要清醒地看到，两种模式转换过程中也有互相影响与互相摩擦的地方。例如在 1979 年至 1980 年期间，由于改革农产品收购价格时提高幅度过大，财政体制改革中财权下放过快，导致货币发行过多、物价上涨、通货膨胀的紧张局面，这不能不使许多改革措施因之而暂时地放下来。再如，1984 年下半年经济增长速度过快，投资规模过大，使得信贷和外汇资金产生过量投放，又一度引起了物价上涨与市场紧张的局面，再一次使得原定要实行的改革方案，诸如价格改革与工资改革等方案，不得不推迟出台或者放慢实施的步骤。

不仅如此，刘国光还更为明确地指出，两种模式转换之间不仅有着互相制约、互相影响的一面，而且两种模式转换的自身，还有着各自内在的矛盾和内部的冲突，这就使得转换过程更为复杂曲折、艰险不平。我们先从发展模式方面来看。由于我国当时的生产力发展水平还很低，欲求其转换成消费方面的适度增长，就存在着不同走向的矛盾。一方面是人民生活水平与购买力水平都比较低，基本上还是个温饱型的消费水平，对市场商品的购买没有多么大的选择空间，基本上还只是市场上有啥买啥，这就为旧的数量型的经济模式的延续存在提供了温床。另一方面，随着社会经济的发展与居民收入和货币购买力的提高，人们的生活水平开始由温饱型向小康型逐步转化，人们对于市场商品便由不加选择而逐步地讲究选择，由注重数量而开始注重品种与质量，这在客观上就为质量效益型经济要取代数量型经济提供了需求。这两种趋向之间，难免不发生冲撞与摩擦。在农村经济的发展与转化中，也存着矛盾。农业生产力水平的提高解放出大量的劳动力转入到城市经济与非农业经济中来，而工业由外延式增长为主转到内涵式增长为主，又将不能大量地吸纳这些从农业生产中释放出来的劳动力，这是矛盾的一个方面。另一方面，这些转移到城市经济或者是乡镇中非农业经济中来的劳动力，又将给我国的经济增长和经济结构、消费结构带来重大的影响，给整个经济发展带来新的压力，从而为发展模式的转换增添了许多摩擦。

　　从经济体制模式转换方面来说，我国改革起点时的特殊国情决定了我们不能实行"一揽子"方式，只能实行"渐进"的波浪式推进，这就出现新、旧两种体制并存的局面。例如，计划内价格与计划外价格体系双轨并行，指令性计划与非指令性计划各取一定份额，以及旧体制直接控制手段虽已放弃、而新体制的间接调控手段尚未建立起来的某种真空状态。两重体制并存与并行，为经济发展模式转换乃至于体制改革，都造成了许多的矛盾与麻烦，造成了许多摩擦与冲撞。再如，双重价格体系的存在不利于国营大中型企业的发展，却给技术落后的小企业一个刺激增长的因素，这不能不给企业的规模经营和技术结构改造带来影响。同时，两种价格的落差很大，也给投机倒把非法套购提供了"温床"。各个地方又为了保护本地区的利益，纷纷组成自己的物资供应渠道，这又加剧了地方割据与完全依靠行政命令手段来管理经济的趋势。

这许许多多矛盾与摩擦的客观存在，便决定了两种模式转换过程的曲折性与复杂性，决定它要承受着来自内外各个方面的压力与挑战，决定了战略转换与体制改革的长期性与艰巨性。由此看来，刘国光在理论上提出和明确两种模式转换的科学内涵，可以使人们更自觉地认清改革的目标与方向，自觉地认清两种模式转换的艰巨复杂，尽力地安排与协调好两种模式转换的程序、步骤与配套性，尽量地避免和减少、减轻转换过程中互相之间的摩擦与冲撞。因此，可以毫不客气地说，此举实是推进我国经济建设与体制改革得以顺利进行的一大理论贡献。

但是这项理论建设并不是一开始就被人们所认识和重视的，许多人甚至认为，此举实在是无此必要。有的人说，经济改革是数学中的不定式，无从进行总体设计，也无法形成统一部署，更无须设定什么目标模式，不如"边设计，边施工"，先干起来再说，碰到什么问题解决什么问题。他们还为这种做法起了个名字，叫做"单项突进，撞击反射"。那也就是说,先是一项一项单科独进地搞,碰到了摩擦和冲撞时再回过头来总结经验,修正完善。刘国光对于持有这种观点的人说:诚然,我们在开始起步时,由于准备不足、经验不多,不可能考虑得很仔细,也不应当要求一切方面都有了具体规划才着手改革,那样必然会贻误时间,踌躇不前,但是,它也像其他任何工作一样,如果只有行动而没有明确的目标,或者仅靠经验办事,就难以提高行动自觉性,难以防止和克服行动过程中的盲目性。这几年的改革成绩很大,同时碰到了不少问题,有时是走走停停、进进退退,原因之一就是因为改革的目标还不够清晰。各个单项改革之间缺乏配套,导致某种程度的机制紊乱、时序颠倒和措施冲突。如今改革已经进行六七年了,农村改革已经取得重大成功,改革的重点已由农村转入城市,而城市经济的改革则是各环节、各部门之间的有机联系更为复杂、更为紧密,相互的制约性更强,此时此刻,明确地提出和设定改革的总体目标模式,不仅是可能,而且是急需。

也还有一些人说,从历史上看,从来就没有一项按照既定方案进行而取得成功的改革先例,农村的"包产到户"就不是实现什么既定规划的结果。因此,即使现在我们做出了某种决定,将来也不一定这样做,甚至也可以说不可能这样做,它只能是一种"无确定止境的改革"。所以,设定什么目标模式,即使不说它是天真的,至少也带有某些天真的气质。而刘国光则认为,这些同志是把两个不同的概念,即改革的确定性与改革的不确性混淆起来,而改革事业的宏伟壮阔却要求人们必须把这二者严格地区分开来。改革既然是史无前例的宏伟事业,就要求确立下一个总的方向和基本框架,尽可能地划清一些大的范围和界限,没有这个总体的方向和基本框架,改革便无从下手、无从迈步。这个总的方向和基本框架,就是目标模式,它应当是明确的、既定的,从这一角度来说,改革应当是确定性的。从另一方面来说,任何设想和规划,都只是一种基于当前认识程度的预期,必须接受实践的检验,并在不断实践中得到校正、充实和提高,这又是它的不确定性。这一不确定性,便为目标的设定留下了进一步完善的余地。就以农业上的改革"包产到户"来说,它是凤阳小岗村农民自发的创举,但它能够得到普遍的推广,则是因为它已被作为一种目标模式得到肯定。所以说,当改革进行到一定阶段之后,及时地确定下来改革的目标模式,决不是什么"天真"的、纯理想化的举措,而是客观的需求,也反映了人们对客观事物认识上的渐进的"成熟"。

也有的人认为,改革的目标模式就是"有计划的商品经济",只此而已,何必再有他求。再作其他规范与拟定,都是多此一举。刘国光认为,持此说者把问题看得过于简单化了。改革是一项极其复杂与曲折的系统工程,是万万不能靠简单化从事的。从理论上来说,"有计划的商品经济"只不过是一种高度概括,它不能作为一种体制模式的表述。而作为一种体制模式,它要包括许多方面的主要内容,如同我们前面所指出的,它要明确地提出所有制结构、决策权力结构、组织结构、调节结构等方面的总体方向与基本框架,若无此明晰的目标模式,便没有改革的近期与远期目的,因此也难以考察改革已经进行到什么程度,将要再适时地推出哪些举措。就以实现"有计划商品经济"这一目标来说,由于它的表述还过于抽象,人们也会产生不同的理解,比如有的人会从中突出地强调有计划的一面,有的人则会突出强调"商品经济"一面,这样,怎么能够有一个共识的发展目标,怎么能够步调一致地向前共同迈进呢?

后来,人们逐渐地理解和认识到设定目标模式与两种模式转换理论建设的重要性,因此,《人民日报》于1985年11月组织与刊发了刘国光阐述此一观点的文章《试论我国经济的双重模式转换》。几天之后,《经济日报》也刊发了刘国光在所有制问题学术讨论会上的发言提纲《关于所有制关系改革的若干问题》。

后来,在党和政府的一些决定中,也采纳了两种模式转化的相关词语或内容。例如,1985年9月23日中国共产党全国代表会议上通过的《中共中央关于制定国民经济和社会发展第七个五年计划的建议》中就说:"坚持把改革放在首位,使改革和建设互相适应,互相促进。""改革的方向必须坚持,改革的步骤必须稳妥。各项改革措施要相互配套,既有利于微观搞活又有利于宏观控制,以保证和促进整个经济的稳定和发展。""走内涵型为主的扩大再生产的路子","将目前已经偏高的增长速度逐步降低一些","避免经济生活的紧张和紊乱,为改革创造良好的经济环境。"

到了1987年党的十三大召开之际,更是在《中国共产党第十二届中央委员会第七次全体会议公报》中高度集中地概括指出:"深化改革的每一项措施,归根到底,都要有利于提高社会经济效益。"而在党的《第十三届中央委员会第三次全体会议公报》中更加明确地提出来:"治理经济环境,整顿经济秩序,必须同加强和改善新旧体制转换时期的宏观调控结合起来","必须有领导有秩序地推进相互配套的全面改革。"

党的第十三届代表大会上,刘国光再一次以中央国家机关党代表的资格参加大会,并被选为中共中央委员会候补委员。

在这以前和以后，因他多次参加中央文件的起草工作，他的目标模式设定与两种模式转换同时进行的观点，更进一步明确地反映到或者说被吸纳到党和国家的决议中来。而其中，最为显明、最为突出的是在党的十五届五中全会讨论通过的《"九五"计划的建议》，这份建议较为详尽地吸纳了两种模式转换的观点。不过，文件中没有用"两种模式转换"这样的词语，而是改称为"两个根本性转变。"

从"双重模式转换"到"两个根本性转变"，叠印着开掘者多少耕耘的汗水和智慧燧石撞击摩擦的伤痕。

第九章　社会主义市场经济的确立

□ 1．对于商品市场问题纷争不已

　　改革的核心，或者说是关键，归根到底还是计划与商品的关系。准确一点来说，还是计划与市场的关系问题。人们设计的种种改革方案、规划和进程，包括刘国光所设计的两种转换模式在内，说一千道一万，也还是为着解决计划与市场的关系问题，因为这是决定改革价值取向的根本问题。

　　刘国光在经济改革上一向是主张"市场取向"和"计划与市场相结合"的，他所提出的两种模式转换，不论是体制改革模式，还是经济发展模式，都是以不断地扩大与加强市场的调节作用作为目标的。

　　在计划与市场这个关键问题上，长期地存在着两种尖锐对立的观念。经过几代经济学者坚持不懈的执着追求，1984年10月，党的十二届三中全会决议，明确指出，社会主义经济是在公有制基础上的有计划的商品经济，是计划调节与市场调节相结合。但是，并不是因为有了这一理论上的深刻概括，人们便统一了认识，统一了经济改革的步调，相反，分歧仍然存在、仍然很大。因为，你这"有计划的商品经济"，与以前提的"有商品的计划经济"，虽然在主语的定位上有所颠倒，但依然是把两个完全不同的经济范畴并列起来，因之在理解上就各自有所强调，有的强调计划，有的强调商品。有的同志指出："改革的基本思想是社会主义经济首先是商品经济，然后才是有计划发展的商品经济"，而另外一些同志则认为："计划经济或计划调节，应始终在社会主义经济中占主导地位的。"

到了 1985 年以后，理论界中又出现了一个大的争论，人们对于社会主义商品经济的范畴，特别是商品经济与市场经济的关系，又有着决然不同的两种理解。有的人认为商品经济就是市场经济，而另外一些人则断然拒绝，认为市场经济就是资本主义。他们认为阵脚退到商品经济就已经足够了，决不能再向市场经济方向跨进一步了。

这个争论不单纯地是一个理论认识问题，也不简单地是个科学概括问题，而是决定经济体制改革的发展方向的问题，是设定经济体制模式及其转换的方法与步骤的大问题。

刘国光在这一时期，也就是从 1984 年 10 月十二届三中全会到 1987 年 10 月党的第十三次代表大会期间，所写的许多文章的基调，明显地是偏向于商品经济或市场经济的价值取向的，他虽然没有正面地回答这个问题，但从侧面迂回地，也可以说是间接而不直接地回答了这个问题。他说："市场是商品经济的范畴。""市场随着商品生产和交换的发展逐步扩大，同时又促进商品货币关系的发展。"①

---

① 刘国光：《刘国光文集》，第四卷，413 页，中国社会科学出版社，2006。

他不仅迂回地说出市场是商品经济的范畴,而且又用大量的篇幅大谈"建立和完善社会主义市场体系的问题"。他将市场作为一个完整的体系,提到社会主义经济发展与建设的面前。他认为,我们既然承认社会主义经济是有计划的商品经济,就应当承认市场经济;不仅承认市场,而且还要承认市场体系。他大大拓宽思路地说,人们所强调的市场机制或者说市场规律,不仅仅存在于商品领域(包括生产资料和消费资料,很长一段时间里,人们只承认消费资料是商品,而不承认生产资料也是商品),而且在资金、劳动力、技术和信息服务等非货物领域中也存在,就像建立与完善商品交换的市场一样,也需要建立与完善资金、劳动力与技术、信息服务等方面的市场。

为什么要建立与完善资金、劳动力等市场呢?因为这些东西都是生产要素,在整个生产与流通过程中,它们是与商品生产、商品交换结合在一起发生作用的。在现代化大生产过程中,缺少了哪一项要素都不行,就像生命过程一样,缺少哪项生命基因和氨基酸都不行。而如果不建立与完善完整的市场体系,只在商品生产与商品交换领域中建立市场秩序,在资金与劳动力等方面仍然是封闭的,只靠计划与行政手段来调拨,那样,整个社会的生产与流通就要形成互相脱离、互相掣肘的两块:"一块是受市场调节的商品市场,一块是由计划调节的生产要素的分配。这种板块结构,割裂了商品生产和生产要素流动之间的内在联系。"①

而且,他还比较超前地提出资源配置的问题。他说:"在

---

① 刘国光:《刘国光文集》,第四卷,414 页,中国社会科学出版社,2006。

发达的商品经济中,生产要素的直接分配很难实现资源的有效配置,这是国内外社会实践所证明了的。虽然在社会主义条件下,某些生产要素还不是完善意义上的商品,但可以利用商品形式,借助市场机制按照价格的变化,确定生产要素的流向,这样才可能实现资源配置的优化。"①

可喜的是,经济体制改革的深入与经济理论研究上的许多突破,推进了党的十三次代表大会的决议在关于计划调节与市场调节关系上作出更新的、更为有利于解放生产力的表述:"计划和市场都是覆盖全社会的。新的运行机制总体上来说应当是'国家调节市场,市场引导企业'的机制。"过去一直讲的"计划调节为主、市场调节为辅"的提法已不再提了,代之而提出的是"计划和市场都是覆盖全社会的,"那也就是说没有主和辅了,二者都是社会主义经济的必要手段。二者之间的结合,更多地表现在发生作用的层面上,计划调节侧重在宏观层次上,市场调节则侧重于微观层次上,所以才有了"国家调节市场,市场引导企业"的更为生机勃勃,同时也更科学严谨的概括。

刘国光认为,这是我们党所领导的经济体制改革工程又大大地向前跨进的一大步。因此,他对于这一说法的提出是很为欣欣鼓舞的,他满怀欣喜地指出这是"经济学家们取得了一系列理论上的突破性进展"。②

---

① 刘国光:《刘国光文集》,第四卷,414 页,中国社会科学出版社,2006。

② 刘国光:《刘国光文集》,第四卷,515 页,中国社会科学出版社,2006。

□ 2．烈火再一次锤炼和考验一代经济学人

但是，任何事物的向前发展都不是，也不可能是直线的，在经济理论上，特别是关系到计划与市场这一关键的问题上，就更是如此，社会上又出现了激烈的波动。艰巨繁杂的改革进程，又在反复的锤炼和考验那些为着经济体制改革而献身的一代经济学人，特别是那些经历了十多年来风风雨雨的老战士。

当然，这也是事物发展过程的正常现象。曲折、渐进与螺旋式上升，本来就是运动的普遍规律。正如列宁在《谈谈辩证法问题》中所说的那样："人的认识不是直线（也就是说，不是沿着直线进行的），而是无限的近似于螺旋的曲线。"①

自从 1989 年那次政治风波过后，报刊上便接连不断地出现了越来越多的批判所有制改革与体制改革的市场取向的文章，并把这些问题都提高到"姓社姓资"的纲和线上来，认为私营经济不可避免地要冲击到社会主义经济，价值取向不可避免地要削弱计划经济。他们说："所谓市场取向，就是资本主义取向。""资产阶级自由化有两个方面，所有制方面公有制要改为私有制；经济运行方面让我们改革计划经济，搞市场经济。"②1991 年《求是》杂志上发表了一篇题名为《问一问"姓资还是姓社"》的文章，而政治敏感性最强的面向知识分子的报纸《光明日报》立即于 8 月 7 日全文转载，说："实行改革开放要不要问

---

① 列宁：《哲学笔记》，411 页，人民出版社，1960。
② 蒋学模：《总结经验教训，坚持改革的社会主义方向》，《经济纵横》，1989(12)。

一问'姓资还是姓社'？这是一个被资产阶级自由化思潮弄乱了的重要是非问题,至今仍有些论者把'姓资还是姓社'的诘问指责为'保守'、'封闭'的观点,主张予以抛弃。""人们没有忘记,那些搞自由化的人是何等猖狂地在'改革'的旗号下鼓吹用私有制和完全的市场经济代替社会主义公有制和有计划的商品经济","对于那种不许问姓资姓社的观点,人们也不妨问一问:它所代表的思想倾向,究竟是'姓社还是姓资'？"

有人引证日本人编的《经济辞典》,也查过联合国编辑的统计年鉴,在那里都是把世界不同制度的国家划为两类:把社会主义国家称作计划经济国家,把资本主义国家称作市场经济国家。他们说,据此就可以清楚地看出,在西方人的眼里,市场经济就等于资本主义,它只能是与私有制联系在一起,以私有财产制度为基础的经济制度,社会主义国家决不能用这个词,决不能实行全面的市场经济。

在计划与市场的烈火考验中,三位经济学杰出贡献奖得主在薛暮桥家中坐谈(左一为吴敬琏,右一为薛暮桥,中为刘国光)。

刘国光在经济改革上一向是主张"市场取向"的,因此,在这次思潮回落中难以避免地要受到冲击。他在这汹涌的浪潮冲击下,基本上是进行了两个方面的努力:一方面是努力澄清他所主张的市场取向不是否定计划经济,而恰恰相反,是以有计划为前提的,是"有计划指导、有宏观控制的'市场取向'";另一方面则是进一步地加强市场调节的覆盖面与其活动范围,建立与完善市场体系,其中,特别是建立资金、劳务、信息、技术、房地产等生产要素的市场运作规范,逐步建立起反应灵敏的市场运行机制,用他的话来说,"也就是逐步建立符合计划经济与市场调节相结合原则的,综合运用经济、行政、法律手段的宏观调控体系,有步骤地推进由直接控制为主向间接控制为主,由行政手段为主向经济手段为主的转换。"①

他在这一关键性问题上,总是努力地说明他所主张的"市场取向"是社会主义的市场取向,而不是资本主义的市场取向,因为,"我说的改革,是有计划指导和宏观控制的市场取向的改革,是改革传统的以产品经济、自然经济为基础的高度集中的计划经济体制,向计划与市场相结合的有计划的商品经济新体制过渡,但决不是走向以私有制为基础的、无政府的、盲目的市场经济。"②改革的"基本取向是市场取向,但这种市场不是以私有制为基础的、无政府的市场经济,而是以社会公有制为基础的各种经济成分并存,有计划指导和

---

① 刘国光:《刘国光文集》,第六卷,88 页,中国社会科学出版社,2006。

② 刘国光:《刘国光文集》,第六卷,341 页,中国社会科学出版社,2006。

宏观控制的市场取向。"①

　　他说："这样的提法有些同志不赞成,我还是这样看。"②
他始终不渝地坚持自己的看法。

　　不过有一点还要特别指出,在这个问题上,即在计划与
市场这个极敏感的问题上,他有一点十分可贵的超凡见解和
令人不得不赞服的提法。如要历史地评价他的这个提法,那
就不仅仅是十分的机智,而且应当说是十分的明智。他在人
们争得不可开交的时候,他一再地提醒人们:计划与市场的
问题,"这是一个世界性的问题,也是一个要长期争论的问
题。对于计划与市场关系的一些比较具体的问题,我们不必
急忙做出结论,约束后人,也不要约束当代人。"③"目前没有
一个政治家或理论家敢说他已经把计划与市场问题解决好
了,因为人类关于这方面的经验积累还未完全成熟,还在探
索当中。"④

　　实际情况也确实如此,世界有多少著名经济学家,不仅
是苏联、东欧等社会主义国家的学者,也包括许多西方政界
与学术界的著名人士,都在热心地研究社会经济生活中这一
最核心的,同时也是最困扰人的计划与市场的问题。捷克著
名经济学家奥塔·锡克竭尽终生之力研究计划与市场如何
结合问题,写出了厚重得足以压手的巨著《社会主义的计划

---

　　① 刘国光:《刘国光文集》,第六卷,281页,中国社会科学出版社,
2006。

　　② 刘国光:《刘国光文集》,第六卷,238页,中国社会科学出版社,
2006。

　　③ 刘国光:《刘国光文集》,第六卷,237页,中国社会科学出版社,
2006。

　　④ 刘国光:《刘国光文集》,第六卷,288页,中国社会科学出版社,
2006。

与市场》和《第三条道路》，力图阐明可以不走单一的计划经济和单一的市场经济而走计划与市场结合的道路，但到底怎么个结合法，他也没说清楚。1985年9月，中国社会科学院与国家体改委联合举办了一次"宏观经济管理国际研究会"，因为会议是在航行于长江三峡上的"巴山"号江轮上召开的，故而也叫"巴山轮"会议。会议邀请了世界上研究此问题的最权威的学者，包括前边提到的《短缺经济学》作者、匈牙利著名经济学家科尔奈，波兰的布鲁斯，还有美国的托宾，英国的克鲁斯，法国的阿尔帕特与日本的小林实。中国的著名经济学家薛暮桥、廖季立、刘国光等人都参加了。长江三峡上风情万种，气象万千，无边风月，巴山轮里是宏观微观，各抒己见，议论风生，虽然也都说出计划与市场的诸多关键问题，但总的看起来也还是刘国光说的那句话，没有一个人能够把计划与市场问题说清楚了、解决好了。

不过，事情也正像邓小平同志所指出的那样，"发展是硬道理"。十年改革的光辉成就，使得刘国光更加坚定不移地确信市场取向的改革是没有错的，朝着这个方向进一步地深化改革是没有错的。他挺身出来驳斥那些怀疑派的观点说："但是有人认为，中国现在重新强调坚持四项基本原则，就是从改革开放的方针后退，又把改革开放同坚持四项基本原则对立起来了。按照这种看法，中国要改革，就得放弃社会主义，实行资本主义。这种主张在中国这样一个情况复杂的大国是行不通的，也是对中国提出的改革开放的主张的完全误解和曲解。"①

---

① 刘国光：《刘国光文集》，第五卷，579页，中国社会科学出版社，2006。

1987年冬，中央作出了重大的战略决策，决定海南岛建省，并将其办成全国最大的经济特区。1987年底至1988年初，刘国光率领中国社会科学院调查组，应海南省建省筹备组长许世杰、梁湘的邀请，来到了海南为其作发展战略规划设计。

在政治体制的设计上，他认为，"为保障海南全新的经济体制正常运行，必须彻底改革旧的政治体制，建立与之相适应的政治制度。其改革的方向就是：转变政府职能，扩大社会功能。"[①]于是，后来海南建省时便有"小政府，大社会"的响亮的、振奋人心的口号响彻了海岛，也响彻了全国。

巴山轮会议期间，刘国光与部分参会人员在三峡合影。

对于经济模式的设计，他认为，海南岛应当"实行社会主义有指导的市场经济，既和我国有计划商品经济的改革和发

---

① 刘国光：《刘国光文集》，第五卷，143页，中国社会科学出版社，2006。

展的总目标相一致,又与国际市场的运行机制、运行方式相一致,有利于加入国际经济循环,同时又先于国内其他地区在经济体制改革上迈出更大的步子,对外将有更大的吸引力,以吸收更多的外资,加速海南的建设。"①

1991 年初,上海《文汇报》理论部记者周锦尉到北京来采访了他,几个小时的长谈之后,记者归去写了一篇《刘国光访谈录——90 年代深化改革的理论思考》,刊发在《文汇报》1991 年 1 月 26 日理论版的一整版上。在访谈中,刘国光提出"经济体制改革是一种市场取向的改革"的理论思维,并将其细化到从放权让利到注重经济体制的转换,企业改革要逐步实现四个"分离",辩证地处理稳定、改革与发展的"三角关系"等几个方面。文章发表后不久,时任上海市委书记的朱镕基在市委党校的一次学员大会报告中,就指名地表扬了《文汇报》上的这篇文章,说:"我很同意刘国光的观点,如果《文汇报》的这篇文章发在头版头条就好了,可以引起全国更多同志的关注。"②

□ 3．邓小平明确提出市场经济不等于资本主义

一声霹雳,石破天惊,这个世界上还没有一个政治家或理论家能够解决了的、困惑了人们百余年来的计划与市场问题,却被一代伟人邓小平同志雄才大略地解决了。邓小平同

---

① 刘国光:《刘国光文集》,第五卷,142 页,中国社会科学出版社,2006。

② 周锦尉:《朱镕基的"低调"与"高调"》,2013 年 9 月 8 日《文汇报》。

志明确地指出市场经济可与社会主义共存，这是他对于社会主义建设的理论与实践，乃至于整个人类社会发展史上的一大卓越贡献。

1992 年邓小平同志在南方谈话中说："计划多一点还是市场多一点，不是社会主义与资本主义的本质区别。计划经济不等于社会主义，资本主义也有计划；市场经济不等于资本主义，社会主义也有市场。计划和市场都是经济手段。"

这是经济理论上的重大突破，两个不等于——计划经济不等于社会主义，市场经济不等于资本主义——揭示了计划与市场的实质，破天荒地突破了二者之间的沟壑壁垒，突破了百余年来一直困扰了几代人的一大理论误区。

当然，邓小平的这一重大突破，也不是 1992 年一朝一夕的雷霆猛震，而是他深思熟虑已久，在改革开放十余年来的实践中逐渐地清晰完善、并等待着大多数人们对此问题逐渐形成共识的形势下，才水到渠成地把它提出来的。

刘国光更是不曾料想到，四年前他为海南经济特区设计的发展战略中提出的"要建立一个共产党领导下的社会主义市场经济体制"，现在竟能够一步到位地行之于全国的范围了。为此他欢欣鼓舞，兴奋异常，决心要为社会主义市场经济的理论建设作出新的贡献。这个在社会经济生活中至关重要的市场经济，曾被刘国光说成是"被遗忘了的角落"，现在，人们终于把它从被遗忘的角落里找回来了！

当时他认为，在市场经济的理论建设上，应当明确地认识到还须在以下几个方向作坚持不懈、坚韧不拔的努力：首先，要进一步解放思想，加深与加快对于社会主义市场经济理论上的认识，打掉戒心，解除顾虑，不要"认为搞市场经济就是搞资本主义，搞计划才是坚持社会主义。实际上，计划和市场并不是涉及社会制度的问题,它们都是资源配置的方式。"①其次,还是要有个界定。国内外有不少的学者认为,既然是市场经济,就没有必要在前面再加上"社会主义"几个字,刘国光不同意这些看法,他认为在市场经济的前面还是要有个界定,加上"社会主义"几个字。他说:"共性存在于个性之中,市场经济这个共性的东西在不同社会制度条件下的表现是不同的。"②市场经济在社会主义条件下的表现是有其自己特色的,例如,社会主义市场经济是以公有制为主体、多种经济成分并存的经济结构,是采用按劳分配为主、多种分配形式并存的分配形式,是采取计划与市场相结合的经济运行机制。这些特性不仅要明确地界定出来,而且要突出地强调出来。最后,就是要不断地建立培育与完善市场体系。市场经济既然要求以市场作为资源配置的主体,它的运行就要有一系列的机制,不仅消费资料要有自己完善的市场体制,资金、劳务、信息、技术、房地产等生产要素的配置,也要通过市场,也要求有完善的市场动行体制,而这些要素市场有的刚刚放开,有的刚刚建立,需要一个长期、艰巨的培育与完善过程,需要在理论上和实践上作出大量的卓有成效的开发与创造。

1992 年 6 月 3 日上午,风和日丽,阳光灿烂,鲜艳的朝阳突破清晨的冷露,将流金溢彩的光线普洒于天上的浮云和街道两旁的楼头屋角与绿叶婆娑的树木上,好像要使这一切物体都在闪光,都在呼吸,都在发育与成长。刘国光披着一身

---

① 刘国光:《刘国光文集》,第六卷,528 页,中国社会科学出版社,2006。

② 刘国光:《刘国光文集》,第六卷,532 页,中国社会科学出版社,2006。

的阳光,乘坐小轿车来到了中南海勤政殿,他是受江泽民的邀请特来商谈市场经济的准确提法的。因为几天之后,江泽民同志要在中共中央高级党校里作报告,应该对于新近涌动起的市场经济浪潮有一个科学的、准确的、规范性的概括。原来,这时刘国光正参加党的十四大报告的起草工作,在起草组里大家根据邓小平南方视察讲话精神,对于我国经济体制改革的目标模式归纳出三种提法:一是建立计划与市场相结合的社会主义商品经济体制;二是建立社会主义有计划的市场经济体制;三是建立社会主义市场经济体制。刘国光在与江泽民的谈话中,首先向江泽民汇报了会上归纳的这三种提法,江泽民倾向于建立社会主义市场经济的提法,刘国光很赞成,认为这个提法好,但同时他也提出,这里面没有加上"有计划"几个字,是否会使人忽略了有计划这一方面? 江泽民说,那倒不会。因为,社会主义一开始就是有计划的,这在人们的脑子里和认识上,一直是很清楚的,不会发生不提有计划就产生是否取消了有计划的疑问。于是两个人达成共识,都认定"社会主义市场经济"这个提法好。

这一年的 6 月 9 日,江泽民在中共中央高级党校省部级干部进修班上的报告中指出:"党的十一届三中全会以来,我们对计划和市场问题及其相互关系的认识,有一个发展过程。党的十二大时,讲的是计划经济为主、市场调节为辅;党的十二届三中全会通过的《关于经济体制改革的决定》提出了社会主义经济是在公有制基础上的有计划的商品经济的新概念;党的十三大时,提出了社会主义有计划商品经济的体制应该是计划与市场内在统一的体制;党的十三届四中全会以来,提出了建立适应有计划商品经济发展的计划经济与市场调节相结合的经济体制和运行机制。我这里讲的是党的正式文件中的一些提法,至于学术界、理论界在讨论中的不同意见、不同提法就更多了。最近,经过学习邓小平同志的重要谈话,在对计划和市场、建立新经济体制问题的认识上又有了一些新的提法。"

"上述这几种提法,究竟哪一种更切合我国的经济实际,更易于为大多数同志所接受,更有利于促进我国经济建设的发展,还可以继续研究,眼下不必忙于作出定论。不过,我想在党的十四大报告中,总得最后确定一种大多数同志都赞同的有关经济体制的比较科学的提法,以利于进一步统一全党同志的认识和行动,以利于加快我国社会主义的新经济体制的建立。我个人的看法,比较倾向于使用'社会主义市场经济体制'这个提法。"①

江泽民在中央党校报告后,社会各方面产生积极反响,后来,"社会主义市场经济"这一提法就普遍地推开,广泛地运用了。后来,在1992年10月12日召开的党的第十四次代表大会上,正式地写在党的决议里。在修改的《中国共产党章程》中明确地写道:"要从根本上改革束缚生产力发展的经济体制,建立社会主义市场经济体制;与之相适应,要进行政治体制改革和其他领域的改革。"②

---

① 江泽民:《关于在我国建立社会主义市场经济体制》,见《江泽民文选》,第一卷,199—200页,人民出版社,2006。

② 《中国共产党章程》,人民出版社。

第十章 软着陆,点刹车

□ 1. 一道世界性的经济学难题

经济学中有一个十分难解的课题,就像数学中的哥德巴赫猜想百余年来一直困扰着数学家那样,也一直困扰着世界上众多的经济学家。美国著名经济学家、诺贝尔奖金得主弗里德曼甚至说,谁要是能解决了这个难题,便可以立即授予他诺贝尔经济学奖。这个难题是什么呢? 就是通货膨胀率与经济发展速度之间的背向效应问题:抑制通货膨胀,就会相应地降低生产发展速度,增加失业率;反之,降低失业率,提高经济增长速度,就会增加通货膨胀。简直就像鱼和熊掌一样,永远不能兼得。上个世纪80年代末90年代初,中国便一直为这个难解的黑色怪圈所困惑着。

20世纪90年代初,一部电视连续剧《渴望》征服了国内外广大电视观众。几乎与此同时,经济高速度增长的渴望,也以其顽强的生命力,再次以过热的形势勃然兴起。人大七届五次会议上全体代表审议通过的《政府工作报告》中提出今后几年6%的增长速度,很快就被突破,1992年一下子猛增至12.8%,1993年达到13.3%,1994年是11.8%,1995年为 10.2%。其背向效应便是通货膨胀率也随之大幅度增长，1993 年的物价指数是 13.2%，1994 年是 21.17%，1995 年是 14.8%，都是双位数的增长态势。市面上又呈现出供应紧张、金融混乱、投机猖獗、人心不稳的局面。怎么办呢？抽紧银根、抑制通货膨胀吧，恐怕又会产生它的背向效应——生产滑坡，经济发展速度下降。这个历史教训逝去不远，人们记忆犹新，1988 年为治理 1987 年通胀过猛、市面一片抢购风潮而施之的"猛刹车"，结果是出现了史所罕见的现象——市场疲软。有的老干部甚至开玩笑地说："我革命这么多年了，还从来没有听见过市场疲软这个词！"

1993 年，刘国光参加在日本召开的国际研讨会。

这可真就是投鼠忌器呀！眼见着通货膨胀这只可恶的老鼠在玉盘上猖獗肆虐，可就是不敢拿棍子去打。通货膨胀是要治，可生产发展速度也要保呀，总不能顾了一头，完全不顾另一头呀！总得有个法子能够两全其美才好！在此历史关键时刻，许多智士明公从不同的角度和不同的侧面献上良策。有的人认为，这次通货膨胀是提高工资和调整生产资料价格而引起的成本推动所造成的，因此不要怕，只要工资跟上去，"水涨船高"就行了。有的说，通货膨胀比高失业率危害较轻，因为物价高所受之损害分担于众人身上，痛点为之而分散，而失业之为害则痛点加于少数失业者的身上，痛点集中，二者相较，物价上涨的痛感较失业的痛感为轻，二害相较取其轻，还是降低失业率吧！有人持完全相反的态度，认为通货膨胀无论什么时候，无论在什么制度的社会里，都是于国于民皆为不利的，必须立即刹住，关紧闸门，发展速度可以适当地放缓。刘国光是反对通货膨胀的，他认为用通货膨胀来刺激经济速度的观点是不当的，明确地指出："凡有经济学常识的人都知道，通货膨胀是最坏的再分配，是最坏的税收，它只对少数富者、有办法取得贷款者、投机倒把者、浑水摸鱼者有利，而对广大工薪阶层和其他固定收入者不利。"① 他认为，靠通货膨胀不会长期地提高平均增长率和就业率，归根结底决定长期平均增长率的是人力资本的投资和效益，是科技进步的速度。

　　各有各的道理。两个决然相反的说法都有道理，那也就是说，稳定通货和提高经济速度，确实是背向效应，不能同时兼顾的。而一般地来说，在同一时间内只顾哪一头，或者是抛弃哪一头都是不行的。那么，能不能两头都不放弃，找到二者都能得到兼顾的方法呢？在这一点上，刘国光便与那猛刹车和不刹车的只顾一头的观点不同，他开始寻找兼顾两头、鱼与熊掌兼得的途径。他把这种兼得的途径起名叫作"点刹车，软着陆"。也就是说，逐步地收缩通货膨胀，适度地

---

① 刘国光：《刘国光文集》，第八卷，485 页，中国社会科学出版社，2006。

降低经济发展速度，逐步地双降到一个适度的点上，既平抑了物价，又不造成失业上的影响，寻找到这个最适度的点，就可以使国民经济从双高中"软着陆"下来。他认为，"这样尽管短期内可能收效不明显，企业生产经营环境仍然偏紧，通膨物价的压力也可能延长一段时间，但综合考虑各方面因素，这种办法可以兼顾增长、稳定和改革，是代价较小，长远收效较好的出路。"①怎么来实现呢？他认为主要的方法还是逐步深化改革，调整产业结构，大力加强宏观调控能力，借以逐步降低通货膨胀率和发展速度，寻找一个适当的交会点，以实现双高的"软着陆"。

他的这一明智的答案的得出，正如同所有的智慧的火花的迸发一样，无疑都是来自于多年来细心观察我国经济运行的结果。他纵观建国后40多年来的这种双高之大起大落、大冷大热的周期性波动，颇有建树地发现改革开放后所发生的两次周期波动与改革前所发生的七次周期波动有着明显不同的特征，改革后的落差小，上下摆动的幅度不那么大，而改革前的七次周期的上下摆动幅度都在10%以上，"大跃进"期间的第三次，周期更是高达51.7%。而改革后的两次波动幅度只有6.5%与7.8%，这表明改革后的经济已经具有了更多激活能力与抗衰退力，只要进一步深化改革和加强宏观调控力度，就可以通过一系列的微调以实现"软着陆"。

当然，除了细心的观察之外，精密的、多方位的思考也是他取得这一突破的重要元素。大科学家牛顿说得非常朴实，但也非常的精髓，他说："我并没有什么方法，只是对于一件

———————

① 刘国光：《刘国光文集》，第七卷，510—511页，中国社会科学出版社，2006。

事情做长时间的热情的思索，罢了。"

□ 2．他设计的软着陆点在哪儿

他在当时设计的软着陆点是 10% 以下，即双高的增长速度都在个位数上。刘国光认为，只要把握得好，娴熟地掌握宏观调控艺术，就可以通过一系列的微调，实现软着陆的目的，即经济增长速度回落不是太大，而通货膨胀又能得到缓解。依据刘国光所设计的软着陆目标，具体的落实就是 1995 年的增长速度"由去年的 11.8% 降到 9%—10%，物价上涨率由 1994 年的 20% 以上降到 15% 左右，1996 年再进一步降到 10% 以下"。

为什么他把这个软着陆点设计在 10% 以下呢？他这是根据经济学原理测算出来的。按照经济学原理来看，与物价上涨率直接挂钩的，是实际增长率与潜在经济增长率之间的缺口。实际增长率很好理解，它就是每年的经济增长速度；那么，什么是潜在经济增长率呢？它就是在一定时期内，社会的物力、财力、人力这些生产要素，在正常的、可以充分利用条件下，可能达到的增长速度。如果实际增长率超过了潜在经济增长率，物价就会上升；反之，就会下降。他把这个软着陆点设计在 10% 以下，就是定在这一点上，即实际增长率与潜在增长率之间的缺口等于零，或者是接近于零。这时，物价上涨率不仅仅是低于实际的经济增长速度，而且是接近于广大群众所能接受的程度。

什么是物价上涨率能为群众所接受的程度呢？刘国光认为，它"是由一定时期内居民收入增长状况、不同居民间收入分配的差距、居民的心理承受程度、商品生产者成本的承受程度等多种经济、社会因素所综合决定的,而并非与经济增长率的高低相挂钩的"。①

为了能够及时、准确、到位地实现软着陆目标,刘国光曾经提出了一系列行之有效的建议。总的来说,即是在继续深化改革,调整经济结构、产业结构的同时,尽量多用经济手段少用行政手段,不断地建立与完善宏观调控机制,加强和拓宽宏观调控的范围与力度。其中,财政预算与税收的机制最为重要,要努力加强财政硬约束的强度。在金融上实行中央银行体制,将商业性银行与政策性银行(例如农业发展银行等)分开,建立与健全股票、债券等证券市场,逐步形成多种形式的融资渠道,建立与健全合理的投资制度。其中,更是突出强调的是,要很好地利用利率这个经济杠杆,以作为宏观微调、实现软着陆目标的一个重要手段。

他多次地在写文章和答记者问时都突出地强调使用利率这个经济杠杆的重要意义。他说:"我们知道,西方市场经济国家在与周期性的经济波动作斗争时,中央银行除了运用调整存款准备金和公开市场业务手段外,利率工具也很重要。"②市场货币流通量对利率的调整,反应得非常灵敏。我国 1993 年 5 月和 7 月两次调息,使上半年储蓄额下降趋势立即得到遏制,很快出现了上升势头,从而减弱了通货膨胀的劲头。但是总的来说我国的利率机制运用得还不够灵活,人们还不习惯用这个经济杠杆来进行宏观调控。中央银行在制定利率政策时,虽然也考虑到市场资金与物价等经济因

---

① 刘国光:《刘国光文集》,第八卷,461 页,中国社会科学出版社,2006。

② 刘国光:《刘国光文集》,第八卷,184 页,中国社会科学出版社,2006。

素,而更多地考虑到的是企业成本与承受能力的行政因素,因而便使得利率的调控作用不能收到相应的效果。"主要由行政力量决定的利率不但低于由市场资金供需决定的均衡利率价位,甚至低于物价上涨水平,往往形成负利率。"①现在,重要的问题是逐步实现利率市场化,至少,决不能再出现负利率等不正常现象了。

为了实现软着陆目标,他在战略方针上一直强调"长期适度从紧"的政策,让通货膨胀的压力在适当的时机、适当的方式下,有计划、有目的、有控制地释放出来,不使用急刹车、猛关闸手段,以减轻它的冲击力和破坏力。就是在 1995 年已经基本上实现了在原来设定的着陆点上软着陆后,即在 1995 年的经济增长速度已经降落到 10.2%、物价指数回落到 14.8%时,他仍然强调今后还要继续地"适度从紧"。他的分析是,我们的着陆点的位子依然很高,经济好转的基础仍然很不稳固,如果不继续地"适度从紧",依据地方上乃至于理论界某些人士要求松动的呼声,采纳了某些地方和企业的要求,大干快上,特别是证券市场、房地产市场要求火爆一场的强烈杂音,不去从紧而是从松,"必然使经济迅速反弹,物价重新猛升,已经进行了 30 个月的'软着陆'制动措施取得的成效,将有功亏一篑、前功尽弃的危险。""在众说纷纭的情况下,我赞成把这条'适度从紧'方针再次加以明确,这将有利于我们平稳地由改革以来的第四个经济周期向第五个周期过渡,为'九五'时期进一步的改革和发展创造良好的宏观环境。"②

---

① 刘国光:《刘国光文集》,第八卷,184 页,中国社会科学出版社,2006。

② 刘国光:《刘国光文集》,第八卷,432—433 页,中国社会科学出版社,2006。

□ 3．受到朱镕基总理的赞扬

刘国光的这一闪光的理论观点，集中地表述在 1996 年 8 月在鞍山举行的中国经济规律研究会第八届年会上。当时，国务院总理朱镕基正在主持全国棉花工作会议，他在会上听到后，立即向大会同志大力推荐这个讲话，说刘国光同志能够结合实际，用一些基础的经济学理论，透彻地解决了经济生活中一个重大难点问题。

朱镕基称作为"我们党内精通经济"的高级领导干部，正是古人所常说的那句话，贤才靠贤才赏识："同明相见，同德相闻。惟圣知圣，惟贤知贤。"[①]"同志相从，非贤者莫能用贤。"[②]西方的伟大哲人弗兰西斯·培根也说："有价值的称赞，应该来自真正的真知灼见之士。"[③]由于朱镕基总理的推荐，1997 年 1 月 7 日《人民日报》上便发表了刘国光与人合写的一篇文章《论"软着陆"》。发表时，朱镕基还在原稿上批示说："这是迄今为止总结宏观调控经验的一篇最好的文章。"《人民日报》在发表这篇文章时，也加上很长一大段"编者按"。按语中说："1993 年下半年以来，我国实施了以治理通货膨胀为首要任务的宏观调控。经过三年多的努力，到 1996 年底，宏观调控基本上达到了预期目标，国民经济的运行成功地实现了'软着陆'。到底什么是'软着陆'，为什么要'软

---

① 王符：《潜夫论·本政》。

② 韩婴：《韩诗外传》，卷五。

③ 弗兰西斯·培根：《培根论人生》，41 页，上海人民出版社，1983。

着陆'，怎么样'软着陆'，'软着陆'提供了哪些宝贵的启示，《论'软着陆'》一文深刻而通俗地回答了这些问题。这是迄今为止总结宏观调控经验的一篇最好的文章，值得认真一读。"

"这是迄今为止总结宏观调控经验的一篇最好的文章"，显而易见，这里是引用了朱镕基同志批示的原话。

同年4月27日，朱镕基又对刘国光在1997年北京国际企业伦理研讨会上所作的主题发言《加强企业伦理建设是建立社会主义市场经济体制的需要》上作了批示，说："刘国光同志的意见是经过深思熟虑的，文章很有说服力，建议可写成文章加以宣传。"

从党和国家领导人这众多的批语（也包括胡耀邦同志于1979年对刘国光的论文《论社会主义经济中计划与市场的关系》所作的批语）中，也清楚地看到一个事实，刘国光的经济研究不仅在理论上有很高的建树，更为珍贵的是，他的理论研究自始至终遵循老所长孙冶方所指出的方向，密切与现实经济形势结合，坚定不移地为现实的经济建设服务。他在中国社会科学院经济研究的岗位上，为我国的社会主义经济建设提供了许多优质的、宝贵的、高水平的服务。他的关于社会主义社会扩大再生产的理论，关于计划与市场如何结合的问题，关于建立买方市场的问题，关于两个经济模式转换的问题，关于中国经济发展战略的问题，对深圳与海南经济特区发展战略的构想与规划，对于治理通货膨胀与实现"软着陆"的构想，都对于我国的社会主义经济建设有着重大的贡献。

更为难能可贵的是，他在进入耄耋之年，从社科院副院长岗位上退居终生顾问的位子上之后，仍然宝刀不老，朝思夕虑,旰宵奋勉,不停地在理论与实践结合的角度上,对于社会主义经济建设与体制改革作深入精微的研究,并不断结出鲜艳夺目的硕果。

他不断地奔走于珠海、深圳、海南、江苏、内蒙、广东、广西等地考察访问,帮助他们设计与规划该地区的经济发展战略方案,还不断地被邀请去参加党中央和国务院的各项决议、决定、规划的起草会议,应邀到美、英、日、德法等各国去作学术报告,在各种国际经济研讨会上去作演讲,被人称赞为"稳健派经济体制改革的掌门人"、"不是一般人能赶得上的经济学家"。他不仅被评选为中国社科院的学部委员(相当于院士),还被波兰、俄罗斯的科学院推选为外籍院士和荣誉博士。

2006年他的十大本《刘国光文集》问世,每一卷都是厚厚的五六百页、五六十万字,可以说是我国经济学界中著述最多的一位学者。西班牙大作家塞万提斯有句话说得很朴实,但却很有哲理的深度。他说:"如果你不比别人干得更多,你的价值也就不会比别人更高。"刘国光在经济学界里是不是比别人更高不好评论,但他比别人干得更多,却是实实在在摆在那里,因此不愧为"并非一般经济学家可比"的一位学者。

鉴于他在我国经济学中的杰出贡献,以及破解了经济体制改革中许多重点和难点问题,2005年3月24日,中国宏观经济学会为他颁发了"首届中国经济学杰出贡献奖"。这是我国经济学界里的最高奖项,有人称它为"中国的诺贝尔奖"。

2010年5月,在我国苏州市举行的世界经济学研究会年会上,他被授予"二十一世纪世界政治经济学杰出成果奖"。

2011 年 5 月，世界政治经济学学会在麻省理工大学阿姆斯特分校召开的"第六届国际学术论坛"上，经来自 30 多个国家 150 多位学者共同推荐和评委会评审，最终决定将首届"世界马克思经济学奖"授予中国社科院特邀顾问刘国光。《光明日报》对此在 7 月 15 日版面上做了专题报道。

第十一章 经济学家的忧思

□ 1. 是不是市场经济讲得多了，社会主义讲得相对少了

这时，他已经是八十多岁的人了，又已得到了这么高的荣誉，受到国内外各界人士的普遍赞扬，按说他可以像一个登山队员那样，既然已经攀登到世界屋脊珠穆朗玛峰顶，完全可以戴着光彩的花环颐养天年，静观眼底下那无际风云了。更何况早在三年前，许多的亲朋好友、学生、弟子已为他举办了满堂喜庆的八十华诞。但他却是个永无止境的人，无论到了何时何地，都不存有瞬间的"到此止步"思想。他自信是一个马克思主义者，而马克思主义学说的精髓就是它的战斗性、前进性，以及永远的进行式。他坚贞于那句已被世人视作为格言的话："生命不息，战斗不止。"因此，他在那满载荣誉的中国经济学杰出贡献奖的颁奖会上，竟然在答辞中讲出这样一番语重心长的话："我们这一代经济学人，经历了计划与市场争论烈火与实践反复的锤炼。现在尘埃已经落定，市场占了上风，计划不再时兴了。我不完全这样看。"接着，他讲了"序言"中所引证出的"我们强调市场经济，是不是相

对多了,社会主义是不是相对少了"的那些话。

他那饱含着洞纤察微、真知灼见的话,不止是在市场与计划的关系上,还涉及效率与公平、国营与民营的比重、蛋糕的做大与分好等问题。更为重要的是,他还谈到在教学与科研中西方经济学挤掉马克思主义政治经济学,使马克思主义被边缘化的问题。此外,还有房改、教改、医改的严重失误和国有资产严重流失等问题。他的这些议论和文章,一时间不仅震动了整个经济学界,也震动了整个社会舆论,其气势不亚于一场十二级强台风,故而被人称之为"刘旋风"。

有人曾经说过一句名言:"经济学家的沉默,是社会最大的不幸。"如果我们从另一个侧面来理解,是否也可以这么说:经济学家的良知能被及时采纳,也是促进社会进步的最好催化剂。

党和国家领导人都很重视这位忠诚于马克思主义、忠诚于市场取向的经济体制改革的老经济学家的话,在新制定和出台的各项决议、决定和政策法令中,都尽量地考虑和吸纳了他的意见。古人有语,曰"先民有言,询于刍荛"①。刍荛之人的话,尚足可以借鉴而"正衣冠、知兴替、明得失",②更何况这样一位历经计划与市场烈火考验的老经济学家的话了。察看一下十五大以前的几届决议,提的都是"效率优先,兼顾公平",这在当时我们必须抓紧时机不惜一切地增强我们国家综合实力的情况下,既是恰当的,也是必要的。但是现在这一政策已经实行十多年了,综合国力已经大大提高了,情况发生了重大变化,对于这一提法便不能不做新的考虑。于

①《诗经·大雅·板》。
②《贞观政要·任贤》。

是，他便几次地提出，要"逐步淡出'效率优先、兼顾公平'的口号，向实行效率与公平并重的原则过渡。"①后来，他的这个意见反映上去，在十六届四中全会决议中，果然不见了"效率优先，兼顾公平"的提法。谁知，淡出了一回之后，在十六届五中全会报告征求意见稿中，又见到"效率优先，兼顾公平"的提法。于是，他在《进一步重视社会公开问题》一文中，再次呼吁了这个问题，结果，果然得到了应有的重视，不仅去掉了"效率优先，兼顾公平"的提法，还增加了一句他所一再强调的话："更加重视社会公平"。后来，他又写了一篇《要把效率优先放到该讲的地方去》短文，提出国民收入的分配，不仅在再分配的环节上要重视公平，而且在第一次分配中又要强调，因为分配的绝大部分是在初次分配中，第二次分配只是个调节，起不到决定性作用。后来，在党的十七大决议中果然有了相关的明确规定：

> 合理的收入分配制度是社会公平的重要体现。要坚持和完善按劳分配为主体，多种分配方式并存的分配制度，健全劳动、资本、技术、管理等生产要素按贡献参与分配的制度，初次分配和再分配都要处理好效率和公平的关系，再分配更加注重公平。逐步提高居民收入在国民收入分配中的比重，提高劳动报酬在初次分配中的比重。着力提高低收入者收入，逐步提高扶贫标准和最低工资标准，建立企业职工工资正常增长机制和支付保障机制。

---

① 《刘国光文集》，第十卷，498—513 页，中国社会科学出版社，2006 年。

　　刘国光一直强调充分发挥市场机制要与国家有计划的宏观调控紧密结合运作。本来，1992 年他与江泽民同志讨论给予我国的市场经济下一个怎么样的准确提法时，江泽民认为社会主义市场经济的提法好。刘国光虽然也很同意，但是他觉得这里面再加上一个"有计划"三字更为完整，以免有人忽略了"有计划"这一点。江泽民说，那倒不会。因为，前面已经有了一个定语"社会主义"。社会主义从一开始就是有计划的，这在人们的脑子里和认识上一直是很清楚的。毫无疑问，直书"社会主义经济"是更为简洁明了，这是很对的。有了"社会主义"这个定语，"有计划"自然也就意在言内了。但是后来，那些过分迷信市场作用的人却常常地忘掉了，或者是有意地忽略了政府有计划调控这一面。正像他在颁奖会上发言中所说的那样："我们强调市场经济是不是相对多了一点，强调社会主义是不是相对少了一点？"于是，他在此以后相当长的一段时间里，不断地写文章阐明，或者是说不断地强调自己的这个意见："这些年社会主义也不是没讲，但是相对少了一点，因此改革在取得巨大成功，经济发展欣欣向荣、人民生活总体改善的同时，社会矛盾加深，贫富差距急剧扩大，向两极分化迈进，腐败和权利资本化迅速滋生、蔓延扩大。这种趋势是与社会主义自我完善的改造方向不相符的，不能让它发展下去。因此，现在要多讲一点社会主义，这符合我国的改革方向和老百姓的心理。当然，市场经济还不完善，也要多讲。只要符合社会主义方向，市场经济讲的越多越好。"①

　　为什么说哪个方面都不能少讲和不讲呢？因为二者是互为前提、互相制约的，缺少哪一方面都不行。他非常明确

---

　　① 刘国光：《经济学新论》，189—190 页，社会科学文献出版社，2009。

地指出："不坚持市场取向的改革，中国没有出路；市场化走过了头，也没有出路。完全市场化，不要国家宏观计划调控；完全私有化，不要公有制为主体；完全的两极分化，不要社会公平，这不是我们社会主义的本质要求。这是邓小平同志讲的。不按这样的道路走，改革开放就会失败，按这样的道路走，改革开放的道路光明灿烂。"①

为什么说两个方面都要多讲呢？因为两个方面是互相补充、互相促进的。对此，他也很清楚地指出："市场与计划各有其正面优点与负面缺陷。""市场对激励企业竞争，推动经济发展，特别是对优化资源配置所起的促进作用必须予以重视，要坚定不移地进行市场取向的改革。但市场经济在宏观经济综合平衡上，在竞争与垄断的关系上，在资源和环境保护上，在社会分配公平上，以及在其他方面，也有很多的缺陷和不足。"②"计划的长处就是能在全社会的范围内集中必要的财力、物力、人力，办几件大事……但是计划工作也是人做的，人不免有局限性，有许多不易克服的矛盾：一是由于主观认识落后于客观发展的局限性；二是由于客观信息不对称和搜集、传递、处理上的局限性；三是利益关系的局限性，即计划机构人员观察问题的立场、角度受各种利害关系的约束；等等。"③

这种两重辩证关系归结到一点，就是"我们要实行市场取向的改革，但不能迷信市场；要坚持客观计划调控，但不能迷信计划。"④我国三十年来的改革历程，是有时这个讲多

---

① 刘国光：《经济学新论》，289 页，社会科学文献出版社，2009。
② 刘国光：《经济学新论》，258 页，社会科学文献出版社，2009。
③ 刘国光：《经济学新论》，275 页，社会科学文献出版社，2009。
④ 刘国光：《经济学新论》，276 页，社会科学文献出版社，2009。

了，那个讲少了；有时又调转过头来，这个讲多了，那个讲少了。现在，经过了正、反、合的辩证发展规律，已经达到了"改革在更高层次上的综合"。应当说是已经进入到两个方面都要多讲，意即两个方面都到了要特别地强调与重视的阶段了。

刘国光的这些言论和阐述，不言而喻，是自有其很大的影响力与说服力的，党的十七大决议中肯定会从某些方面、某些渠道听取了和汲纳了他的意见，因此在报告中便有了这样的决议："在改革开放的历史进程中，我们党把坚持马克思主义基本原理同推进马克思主义中国化结合起来，把坚持四项基本原则同坚持改革开放结合起来，把尊重人民首创精神同加强和改善党的领导结合起来，把坚持社会主义基本制度同发展市场经济结合起来。"

刘国光看到了报告之后十分高兴地说："十七大报告关于国家计划和宏观调控问题，有这样一段话：'发挥国家发展规划、计划、产业政策在宏观调控中的导向作用，综合运用财政，货币政策，提高宏观调控水平。'这段话的意思是：重申国家计划同财政政策、货币政策一样，是重要的宏观调控手段，其中国家计划与产业政策又在宏观调控中对国民经济的发展起导向作用。这个意思多年没有提了，现在重新提出，意义十分重大。"①

多少年来，没有讲的话，或者说讲得少了的话，现在又讲了，又着重地讲了，可以说是正合他的意思，他哪有不为之而高兴的呢？

---

① 刘国光：《经济学新论》，254 页，社会科学文献出版社，2009。

□ 2. 分好蛋糕比做大蛋糕更难

当然这些问题的彻底解决,也正如同经济体制改革一样,是一个长期的过程,不可能是一蹴而就的。因此,经济学家的忧思仍然一直萦绕于心,念念于怀,这正如《易经》上之所言,"安而不忘危,存而不忘亡,治而不忘乱","君子以思患而预防之"。他正是以这种思患的意识(当然,他的这种思患,也就是我们通常所说的忧患意识,不是忧的自己,他自己早已是功成名就了,不断地被人们称颂为"难得的经济学家","为新中国作出杰出贡献的理论大家",他忧的是范仲淹所说的"先天下之忧而忧"的忧),接连写出了许多篇这类文章,诸如《改革开放新时期的宏观调控》《改革开放新时期的收入分配问题》《关于社会主义政治经济学的若干问题》《国富与民富,先富与共富的一些问题》《共同理想的基石——国有企业若干重大问题评论》《坚持社会主义初级阶段的基本经济制度》《坚持公有制为主体不断发展国有经济才能制止两极分化》等等。其中,特别有意义的,也是特别使得人们认真思考的,是那篇《分好蛋糕比做大蛋糕更困难》。

他在这篇文章中说,"改革开放以来的 30 多年中,我们大部分时间放在蛋糕做大上面,没有把它放在蛋糕分好上面",这虽然是个缺陷,但也是有道理的。因为我们国家穷,先得把蛋糕做大,再在讨论怎么分,这也是人心所向和众望所归的事。但是到了一定时候,蛋糕大到了一定程度,就要把重心转移到如何分好的问题上去了。因为,这于理是必须的,于势来说也是必然的。于理上来说,我们是社会主义国家,走的是共同富裕、利益共享的道路,按人均收入来说,发达国家的蛋糕早比我们大几十倍,甚至上百倍了,但他们再大也还是两极分化的资本主义社会,而我们是社会主义社会,自然与那个两极分化的资本主义社会不同。于客观形势来说,现今世界经济的发展,总的来说,最大的发展动力和潜力还是内需,而不是外贸出口。因此,我们在把蛋糕做大的同时,如果不注意将蛋糕分好,让广大群众虽然得到了一些收益,但收益不大,富裕不多,那样,内需就扩大不了。内需扩大不了,经济发展就缺乏拉动的力量,要想再进一步地做大蛋糕也就难了。

1999 年 4 月,刘国光接受记者采访。

　　那么,到了什么时候便应当更加重视分配呢？刘国光说,邓小平早在 1992 年南方讲话时就已经明确地指出,在 20 世纪与 21 世纪之交便要开始注重解决贫富差距了。可惜的是,到了两个世纪之交之时,我们的基尼系数已是 0.4 以上了,已经超过国际警戒线了,但当时我们没有足够重视,现在已经提高到0.5了,无疑,解决起来难度就更大了。十七届五中全会重视到了这个问题,明确地提出"把蛋糕分好,让全体人民都能够共享改革发展的成果",这是一个耀眼的亮点,大大地振奋了全国人民之心,但这已经稍晚了一点,离开小平同志提出的在世纪之交就要着重解决这个问题延误了好长一段时间,因此这个问题便严重起来,客观的形势就要求我们上上下下都要细心研究这个中心之中心的重点老大难问题。

但是如何解决这个大难题,现在许多人把注意力都放在分配上,例如改善社会保障和加强财政税收的调解等方面。这固然是一个方面,但还不是一个主攻方向。就分配来解决分配不能根本解决问题,重点应当是"从强化公有制为主体地位来解决这个问题",应当遵循邓小平同志说的"只要我国经济中公有制占主体地位,就可以避免两极分化"。

他在许多文章中都清楚地指出了这个问题:"仅仅从分配和再分配领域着手,还是远远不够的,不能从根本上扭转贫富收入差距扩大的问题。还需要从所有制结构,从财产制度上直面这一问题,需要从基本生产关系,从基本经济制度来接触这个问题,需要从强化公有制为主体地位,弱化私有化趋势未解决这个问题,才能最终地阻止贫富差距扩大,向两极分化推进的趋势,实现共同富裕。"①

---

① 刘国光:《社会主义市场经济理论问题》,244 页,中国社会科学出版社,2013。

□3．亟力反对新自由主义

以上这些是就实践层面上来说的，下面再从理论层面上来看看。刘国光这些年来之所以一再强调要大讲、多讲，至少是不要少讲和不讲有计划和政府宏观调控，这是因为有些人持西方新自由主义观点，主张要逐渐淡化政府的干预与调控作用。

原来自从上个世纪 70 年代末期起，西方兴起了一种新的经济学理论，叫作新自由主义。所谓的新，就是抛弃凯因斯的国家宏观调控政策，完全复归到自由资本发展的初期。他们认为，现在西方的资本主义社会已经完全成熟了，西方发达国家的市场经济已经是规范化、现代化的经济模式了，只要减掉国家干预，它就会充满发展的活力，完全依靠自身的调节与净化功能，便可以避免周期性的经济波动和经济危机。它在英、美等西方国家里曾经喧嚣一时，并形成了所谓的"华盛顿共识"，铆足了劲儿地大力推行，借以实现其全球资本主义化的梦想。但是客观发展的现实却有力地抨击了新自由主义的神话，经济波动不要说了，就是剧烈的经济危机，也是一而再、再而三地出现。上个世纪末的那次金融危机大潮，波撼了整个西方世界，有许多国家的经济连续几年都是负增长。2007 年起暴露出来的经济萧条，至今已有四五年了，许多国家仍然处在下滑的强大压力之下不能得到复苏。新自由主义或市场原教旨主义的观点到处碰壁。他们诬称马克思主义关于资本主义经济危机的理论已经过时了。现实证明恰恰相反，马克思主义关于经济危机的理论不仅没有过时，反而更加证明它的强大生命力，它是颠扑不破的真理，铁的事实让人们更加看得清楚。正因为是这样，所以现今不少国家里的经济学界又开始兴起了《资本论》热。

美国货币供应学派掌门人托马斯·费里德曼一直被人视作为新自由主义的代表人物，后来，就连他也开始无可奈何地想要再求助一下政府的干预力量。2009 年弗里德曼到我国广州访问时，看到我国正在大规模地推广可再生能源发电，不由得大发感慨地说，如果我们美国能够有一天的工夫变成中国就好了，那样，我们就可以在这一天的工夫里像中国那样依靠政府力量来推广新能源以及采取其他的引导市场措施，然后第二天，再重新恢复到原来的自由市场措施，再重新恢复到原来的自由市场体制。

他所企求的这一天的工夫是什么呢？就是依靠政府的干预和调控，可以集中力量办几件大事。可是，这又与他们的市场原教旨主义观点相背反。所以，他们由始至终也没有找到了"这一天的工夫"。

但是，这种新自由主义思潮在我国却很盛行，有的人甚至公开地宣称："主流改革派的指导思想就是西方经济学。中国改革以市场为取向，从计划经济转向市场经济，自然以西方的市场经济为参照，以西方的经济理论为指导。改革主流派用的词语、概念、定义、方法都来自西方的经济学，就其核心理念来说，受了新自由主义的影响，也没有说错。"[1]也有的人公开地为"华盛顿共识"捧场，说："华盛顿共识所包括的一些经济学原理，在中国改革中起了作用，也是取得成功的

---

① 马国川：《广东新一轮思想解放意味着什么》，《炎黄春秋》，2008(3)。

基本因素"。①

　　对于西方这一新的经济理论和在我国兴起的这一新的思潮，刘国光说："新自由主义作为一种经济学理论和研究方法，它对市场经济运作具有一定的说明作用，可以批判地借鉴吸取，但作为国际垄断资本集团的核心理论体系和价值观念，则必须坚决地反对抵制。""我国经济改革以市场为取向，需要借鉴学习包括新自由主义在内的西方经济学中关于市场机制一般运作机理的理论，但不能按照他们的意识形态作为改革路线选择的依据，即不能照抄西方模式。中国经济改革的路线是邓小平说的社会主义自我完善"，"把中国改革简单化为'市场化改革'，或者说模仿欧美自由市场模式，只字不提社会主义，借此糊里糊涂地把中国改革引导到资本主义自由市场经济的道路上去，这显然与中国改革是社会主义自我完善的宗旨不符合。"②

　　有人问他，为什么新自由主义在社会主义中国也能够像西方一些国家里那样广泛地流行呢？他认为，这里也有诸多的因素，一则是如同邓小平所说的，改革开放如同打开窗子一样，可以透进新鲜空气，也会有苍蝇、蚊子进来。改革开放初期，正是新自由主义经济理论在西方盛行的时候，因之，无论是出国考察的学者和官员，还是大批在西方留学的学生，大都在一定程度上接受了新自由主义的影响，他们看到这种理论对于市场走向的改革有着许多可以借鉴的地方，却忽视了它的终极是为着维护垄断资本的利益。另外，这些年来国

----

　　① 林继伟：《中国改革总体是成功的，道路基本正确》，2006 年 4 月 8 日《第一财经时报》。

　　② 刘国光：《经济学新论》，302—304 页，社会科学文献出版社，2009。

内的社会阶层也发生了显著变化,新兴的有产阶层中的佼佼者,刘国光称他们为"新兴强势集团",就其态势是天然地接近于新自由主义理论体系的,"市场原教旨主义"所强调的"效率就是一切","资本是达到效率的至高无上的手段",也就很容易为他们所接受。他们所追求的理念,自然是尽量降低和减少政府的干预与调控,有人甚至将政府的职能作用压缩到仅限于"提供市场环境和维护市场秩序",①这同西方市场原教旨主义者所说的政府职能只是市场的守阍人,完全是一致的。

近十几年来的世界经济大动荡,特别是近几年来的长期性经济发展滞缓的强大压力,已经将新自由主义所推行的"华盛顿共识"击得粉碎。俄罗斯过去听信新自由主义搞的所谓"休克疗法",结果吃了大亏,长期地颓靡不振,现在也已跌醒了。拉美有些国家轻信新自由化主张,放松了国际金融管制,结果造成了痛苦不堪的局面,现在也都觉悟了,毅然放弃了"欧美自由市场经济模式"。这正如美国纽约大学教授塔布所言:"新自由主义就其所许诺的目标而言,已经失败了!他没有带来快速的经济增长,没有消除贫困,也没有使经济稳定。事实上,在新自由主义霸权盛行的这些年代里,经济增长放慢,贫困增加,经济和金融危机成为流行病。"

2010年6月,刘国光在麻省理工大学获得"21世纪世界政治经济学杰出成果奖"颁奖大会的演说中,也用中国经济这几年来一直一枝独秀强劲发展这一铁的事实,再一次向迷信新自由主义的人们,特别是世界各国的经济学人,提出了他自己的衷言警告:"在这次世界经济大动荡中,中国政府为

---

① 见《经济月刊》,2002年第12期。

稳定经济采取了诸多重大措施,取得了良好的实效,再次有力地证明了社会主义市场经济是不能离开国家宏观协调的。国民经济许多重要领域也都不能完全交给'看不见的手'的市场去管,如教育、卫生、住宅、社会保障、收入分配等民生领域、交通运输、资源开发、环境保护、农村设施等基本建设领域,以及扩大内需和调整结构,乃至宏观总量平衡等问题,都不能完全交给自由市场去调节,而不要国家的协调和安排。新自由主义关于市场万能的迷信、自由放任的神话,越来越多的人开始认识其本质、其用心而不再相信了。"[①]

而比获得世界经济奖项更使得刘国光感到欣慰的是,在党的十八大决议中,特别是在十八届三中全会决议中,刘国光忧思的一些经济问题都更加明确,更加被重视地提到议事日程之中,号召全党和全国人民努力地去加以贯彻。在十八大决议中明确地指出:"经济体制改革的核心问题是处理好政府和市场的关系,必须更加尊重市场规律,更好发挥政府作用","更大程度更广范围发挥市场在资源配置中的基础性作用,完善宏观调控体系,完善开放型经济体系,推动经济更有效率,更加公平、更可持续发展。"在分配方面,明确地提出:"必须坚持走共同富裕道路。共同富裕是中国特色社会主义的根本原则。要坚持社会主义基本经济制度和分配制度","完善公有制为主体,多种所有制经济共同发展的基本经济制度,完善按劳分配为主体、多种分配方式并存的分配制度"。

2013 年 11 月通过的十八届三中全会决议更进一步地明

---

① 刘国光:《社会主义市场经济理论问题》,79 页,中国社会科学出版社,2013。

确了"坚持社会主义市场经济改革方向,以促进社会公平正义、增进人民福祉为出发点和落脚点"。全面深化改革的重点,是"使市场在资源配置中起决定性作用和更好发挥政府作用"。习近平同志在《关于〈中共中央关于全面深化改革若干重大问题的决定〉而说明》中,更加清楚地阐明:"我国实行的是社会主义市场经济体制,我们仍然要坚持发挥社会主义制度的优越性、发挥党和政府的积极作用。市场在资源配置中起决定性作用,并不是起全部作用。发展社会主义经济,既要发挥市场作用,也要发挥政府作用。"

十八届三中全会以后,党和国家从方方面面稳步高效地推进落实,其中,决定由中国社会科学院招收一百名马克思主义理论的专业博士生,便是一项重要的举措。为此,中国社科院专门成立了马克思主义学院,在全国范围内聘请一大批具有深厚的马克思主义理论修养、教学经验丰富、富于创新精神的著名专家、学者担任博士生导师,为加强马克思主义理论的人才队伍建设,坚定马克思主义、共产主义信仰,坚定中国特色社会主义信仰,在教学与理论研究中始终坚持以马克思主义作为指导思想,奠定了示范意义的开拓与创举。

至此,我们在《引言》里就已提到的"刘旋风"故事和故事中所揭示的那位老经济学家刘国光的忧思,他所最为担心的马克思主义政治经济学在教学中被不断边缘化的问题,他鼓起了旋风竭力反对新自由主义,反对用西方经济学来取代马克思主义经济学的舆论主张和实际上的教学安排等问题,并因此而引起的各方面对他的误解,甚至有一段时间里(短短的一段时间里)被人有意无意地剥夺了话语权问题,现在完全廓清开朗了,他得到了党和国家的充分肯定。对于世纪之交那些拼命喧嚷西方经济学万能,不断地将马克思主义经济学进行边缘化,甚至狂妄地叫嚣要将《资本论》装进棺材里的人,他们让我想起了著名的进化论者达尔文的一句话:"无知者比有知者更自信。只有无知者才会自信的断言:'科学永远不能解决任何问题。'"客观事物的发展证明,被装进棺材里的并不是《资本论》,在资本主义国家连年的经济乏力与衰退中,西方许多国家里又兴起了《资本论》热潮,这证明《资本论》是坚实有力的科学,颠扑不破的真理。应当说,被装进棺材里的倒是那些无知者的狂言,那些狂妄的无知和无知的狂妄。

一个经济学界里的老战士、经过经济体制改革烈火多次锤炼和考验的老一代经济学人的忧思,自有它不可忽视的价值。我国古代有一句成语,叫作"老马识途"。唐代诗人刘禹锡也称白居易是"经事还谙事,阅人如阅川"。传说齐桓公二十三年讨伐山戎时,迷路于险峻山谷中,盘盘曲曲,全无出路,桓公向计于管仲,管仲说:"臣闻老马识途。可择老马数头,观其所往而随之,宜可得路矣。"桓公依计而行,果然由老马带路而走出谷口。作为老一代经济学家、经过经济改革烈火反复锤炼的人,刘国光在我们阔步前进深化经济改革的进程中,不时地产生出让人可以理解,有时也可能被人误解的忧思,例如我们在《引言》中的提到那些——是不是市场经济相对地讲得多了,社会主义相对地讲得少了;在开始阶段里,让一部分先富起来是完全有道理的,但到了一定时期之后,特别是到了小平同志早已指出的 20 世纪之末,就要注意分配公平问题,注意到分好蛋糕比做大蛋糕更难的问题;在强调市场经济在深化改革中的重要作用时,也要强调国家的管理与宏观调控作用;在大力发展民营经济的同时,坚定不移地保持全民所有制经济的主导作用等等——应当说,都是出自于一个老经济学人的良知，出自于他的老马识途。因为任何智慧，都是来源于实践，来源于经验。而经验，则是真知与灼见之母。

当然，我们也要做反过来的推导：单靠实践经验也不能产生明智的灼见，还需要对于那些实践过的经验再联系客观形势的发展，不断地探索和反思。还是西方那位敢于探索真理的勇士布鲁诺说得对："聪明睿智的特点就在于，必需看到和听到一点，就能长久地思考和更多的理解。"

刘国光便是在看到和听到一点之后，虽然是早已进入耄耋之年里，仍在不停地思考和不断加深理解的人，一位世所罕见的、永远不知疲惫地做着探索与追求的经济学家，经济学大家。

附录　刘国光简历

1923 年 11 月 23 日,出生于江苏省南京市。

1946 年,毕业于云南昆明国立西南联合大学经济系。

1946—1948 年,天津南开大学经济系任助教。

1948 年 9 月—1951 年,南京中央研究院社会研究所任助理研究员。

1951—1955 年,苏联莫斯科经济学院国民经济计划教研室研究生。

1955 年起,在中国科学院(后为中国社会科学院)经济研究所工作,历任助理研究员、研究员、研究室主任、《经济研究》杂志主编、所长等职务。

1975—1980 年,借调到国家计划委员会经济研究所工作。

1981—1982 年,兼任国家统计局副局长。

1982—1993 年,任中国社会科学院副院长。

1982—1992 年,中国共产党第十二届、第十三届中央委员会候补委员。

1993 年 11 月起,任中国社会科学院特邀顾问。

1993—1998 年,第八届全国人民代表大会常务委员会委员。

1988 年 5 月 27 日,被波兰科学院选为外国院士。

2001 年 9 月 20 日，被俄罗斯科学院选为荣誉博士。

2005 年 3 月，获首届中国经济学杰出贡献奖。

2006 年 7 月，被中国社会科学院推选为中国社会科学院学部委员。

2006 年 12 月 16 日，出版《刘国光文集》（十卷本），并由中国社科院在人民大会堂举行了新闻发布会。

2010 年 5 月 29 日，出席世界经济学研究会在苏州举办的年会，会上，被授予"二十一世纪世界政治经济学杰出成果奖"，并作了"实现市场经济与社会主义的有机统一"的获奖感言。

2011 年 5 月 28 日，获首届世界马克思经济学奖（美国麻省大学阿姆赫斯特分校，世界政治经济学学会颁发的）。

2012 年 12 月 9 日，在中国人民大学《政治经济学评论》优秀论文奖颁奖大会上，以《关于中国社会主义政治经济学的若干问题》的论文，荣获该项奖。

现任孙冶方经济科学基金会名誉理事长、理事及其评奖委员会名誉主任委员，中国城市发展研究会名誉理事长。

兼任北京大学、南京大学、浙江大学、东北财经大学、上海财经大学等大学教授。

曾任国务院学位委员会委员、国务院三峡工程审查委员会委员、中国城市发展研究会理事长、中国生态经济学会会长、中国石油化工股份有限公司独立董事、全国社会保障基金会理事会理事等职。

多年来，参加和领导过中国经济发展、宏观经济管理、经济体制改革等方面重大课题的研究、论证和咨询，是当前中国最有影响的经济学家之一。